木下直之を全ぶ集めた

木下直之

晶文社

装丁／寄藤文平＋鈴木千佳子　　写真協力／靖國神社遊就館、吉德資料室　　扉写真（171頁以外）／光齋昇馬

目次

全ぶ集めた序でに文する

全集といえば忘れられないものがふたつ、ひとつは漱石全集、あとひとつは福澤諭吉全集である。

本好きであったわたしの父はとてもおせっかいで、ある時、漱石全集を一度に五セットも買い、自分のほかに三人の息子のために、さらには自分の妹の嫁ぎ先にまで送りつけた。母の実家にも購入を勧めたが、こちらは金を払わず勧めただけで終わった。引っ越しを繰り返したわたしが今も持っている漱石全集は、わずかに第一巻『吾輩は猫である』のみだ。

逆に福澤諭吉全集はわたしの意志でわたしの稼ぎで買った。古本屋の店先に積み上げてあったものだから、それほど高い買物ではなかった。問題は置き場所で、なにしろ全二十二巻もあり、おまけにほとんど読みもしないのに、少なくとも五回の引っ越しを乗り越えてきた。いつも身近に置いておきたかったのは、『福翁自伝』の感動がそれほどまでに大きかったからだ。

全集とはそのような大家の集大成であり、自らそれを名乗るなど身の程知らずもいいところだ。しかも、たったの一冊で。ただし、一冊でも全集とは恰好いいなと思っていた。手許に『正岡容集覧』があり、『村山槐多全集』がある。もちろん正岡容《いるる》や村山槐多《かいた》を引き合いに出すこともおこがましい。要するに、ただふざけただけなのだ。それにはこんな事情があった。

なぜこんなことになったのか、二〇一五年の夏ごろにわたしの軌跡を見せる展覧会を開こうという話が突如起った。とはいえ、いったい何を見せればよいのか。わたしが会場に座っているわけにはいかない。わたしを見せても、それは老いた男のくたびれた姿にすぎない。

そこで、これまでに書いた十二冊の本を「全集」に見立てることにした。ヴァーチャルな「木下直之を全ぶ集めた」展(web)とリアルな「木下直之が全ぶ集まった」展(ギャラリーエークワッド、二〇一八年十二月七日—二〇一九年二月二十八日)の二本立て興行は言葉遊びの先に決まった。パッと見は「木下直之全集」でも、近寄って目を凝らすと小さな文字が浮かんでくる。

こんなふうに、タイトルからしてすでにとめどもなく脱線というか、横滑りというか、問題が枝分かれし増殖してゆくことが「全集」を貫く特徴だろうということにして、それならその一端をご覧いただこうという話になった。さらに悪乗りをして、『木下直之を全ぶ集めた』という本まで出すことになった。本当は冠に「豆本」、もしくは「袖珍本」をかぶせたかったが、豆本にしては手のひらに収まらないし、袖珍本にしたところで肝腎のゆったりとした袖が誰にもない。

噺家のように言葉だけで風景を描く人にずっと憧れてきた。わたしの軌跡はその逆で、いつも写真とともにあった。若いころに美術史家としての訓練を受けたため、美術館学芸員であったころも、大学に移って教鞭を執るようになってからも、いつもスライドプロジェクターで、やがてパソコンのパワーポイントで、美術品や風景を映写しながら話を進めてきた。それに応じて、これまでに書いた本に写真図版を欠かしたことはない。序文にさえ写真を入れて編集者を困らせる。わたしの軌跡とは紙芝居屋のそれであり、この先定年を迎えたあとは、紙芝居屋の親父になれたらいいなと思っている。

ただし、スクリーンに写し出す写真はずいぶんと変わった。美術品はとうの昔に追い出されてどこかに消えてしまい、代わって風景が前面に出てきた。それらは世界を知るための物証だ。証拠として「もの」を上げなければ「こと」は明らかにならない。事件現場に残された毛髪のようなものだ。これまでに目にしてきた数々の風景がこの本を構成することになるが、うっかりそこから落としてしまった「一本の毛髪」をここに拾い上げよう。

わたしの人生を方向付けた風景はこれかもしれない。伊香保温泉の長い石段を登った先の神社に、この絵馬は掛かっていた。もう何も見えなくなっているのに、それはまだ絵馬であることをやめてはいない。そのことに心が震えた。それからはいっそう、「なぜそれはそのような姿でそこにあるのか」ということを考えるようになった。

第一巻
美術という見世物
——油絵茶屋の時代

1993

奇人変人

明治九年（一八七六）の春、奥山と呼ばれた浅草寺本堂の裏手に油絵茶屋があった。油絵を並べて見せた茶屋だから新聞がそう書いたのであって、「油絵茶屋」という看板を出していたかどうかはわからない。

もともと浅草奥山にはたくさんの茶屋や揚弓屋、薬や食べ物や楊枝を売る露店が軒を列ねていた。とりわけ楊枝は浅草名物で、『江戸名所図会』はわざわざ「楊枝店」という絵を掲げて楊枝の効用をつぎのように説いている。「一に口苦からず、二に口臭からず、三に風を除き、四に熱を去り、五に痰をのぞく」。

さらに奥山には閻魔堂、護摩堂、薬師堂、若宮稲荷などの祠が立ち並び、その間を縫うようにして仮設の小屋がいくつもあった。小芝居や見世物が行われる場所でもあった。両国と並ぶ江戸有数の盛り場である。

その賑わいは明治になっても変わらない。境内の茶屋を借りて油絵を見せたのは、下《しも》岡蓮杖《おかれんじょう》という写真師だった。幕末の横浜ですでに一家を成していたが、牛を飼って牛乳を販売したり、乗合馬車を営業したり、覗き眼鏡を見せたりと、写真師には収まらない新し物好きの人間だった。文明開化の東京にやってきて、当時は浅草にたむろしていた。こんな証言がある。

「明治八、九年頃、寺内にいい合わしたように変人が寄り集りました。浅草寺寺内の奇人団とでも題を附けましょうか、その筆頭には先ず私の父の椿岳を挙げます」と書くのは、椿岳の息子の淡島寒月である（『梵雲庵雑話』岩波文庫）。ついで写真師のヘベライ（奇人を指す「変方来」をさらに超えているという意味）、北庭筑波、花輪吉野の名を挙げたあと、「あの名高い、下岡蓮杖さんが、やはり寺内で函館戦争、台湾戦争の絵をかいて見せました」と伝える。

もうひとりの証言者は山本笑月で、「浅草公園の奥山時代、五人男といわれた変人が五名、観音堂の西、今の四区五区に集まって当時は有名であったが、今となるとだいぶ忘れられた」と始めて、墨竹仙人、淡島椿岳、北庭筑玖波《つくば》（笑月によればヘベライと同一人物）、下岡蓮杖、羅雪谷の名を挙げている（『明治世相百話』中公文庫）。

こんな変人に油絵が描けたのだろうか、と思っていたら、一九九一年になって、靖國神社遊就館の収蔵庫から、寒月が言ったとおりの「函館戦争、台湾戦争の絵」が出てきたのでびっくりした。さらに驚いたのは、縦二メートル、横六メートルという大きさだった。当時の油絵としては破格の大きさだ。しかし、それらが並んだのは茶屋の座敷であり、六曲一双の屏風だと考えるなら、まさしく適切なサイズだということになる。おそらく、明治九年の時点では最後の内戦である函館戦争と最初の対外戦争である台湾戦争とが一対で眺められたことには深い意味がある。そして浅草奥山の見世物の世界の常道として、そこには間違いなく口上という説明役がいただろう。

西洋画工

油絵茶屋には、ほかにも高橋由一「乾魚」、五姓田《ごせだ》義松「実父の肖像」、横山松三郎「薔薇」、国澤新九郎「山水」などが展示されたことが当時の新聞記事からわかる。

「乾魚」とは「鮭図」に違いない。それが東京藝術大学大学美術館に収まる重要文化財「鮭図」ならば（高橋は複数の「鮭図」を描いているからそうではない可能性もあるが）、かつては浅草の茶屋にあったものが今は美術館に場所を移したことになる。

あるいはまた、イギリスから帰国したばかりの国澤が描いた絵は、「山水」ではなく「風景画」と呼ぶべき油絵だろう。それならば美術館で鑑賞されてしかるべきだが、いかんせん、明治九年の日本に美術館はまだなかった。たくさんの人を集めようとすれば寺社しかなく、普通の人（まして変人）にそんな場所が使えるはずはなく、料亭か茶屋を借りるか、仮設の小屋を建てることになる。

「実父の肖像」を出した五姓田義松が、その実父である芳柳《ほうりゅう》といっしょに、やはり奥山で油絵の見世物を開いたのは明治七年のことだ。ふたりも横浜で外国人相手に日本の風俗画や肖像画を描く仕事に従事していたのだが、蓮杖同様に浅草に拠点を移した。「西洋画工」を名乗ったことが興行時の引札（チラシ、今ならフライヤー）からわかる。

すでに義松は評判の肖像画家だったが、親父の芳柳まで「西洋画工」であったかはあやしい。絹地に水彩絵の具を使って描いていたからだ。ただし、陰影を施し立体感をたっぷりと表現したそれを「西洋画」と称することは勝手だった。

石像楽園

翌明治八年、やはり浅草奥山で、「百工競精場」という展覧会が開かれた。会場に「生人形定小屋」が使われた。生人形とはまるで生きているかのようなリアルな人形の見世物で、幕末に爆発的な人気を博した。松本喜三郎と安本亀八というともに熊本生まれの人形師が人気を二分し、明治に入っても活躍していたが、そこに鼠屋伝吉という日本橋の人形師が参入した。

二年前の明治六年に、伝吉はウィーンに出かけている。万国博覧会の展示スタッフとして渡欧したのだった。さっそく現地での見聞を人形で示したものが、この「石像楽圃」である。彫刻のあるヨーロッパの公園風景が浅草に出現した。実は、浅草もまたこの前年に公園となったばかりだ。日本の公園に彫像が出現するにはもうしばらくの時間が必要だったが、一介の職人がこんなに早くその未来像を描いたのだった。

江戸が東京に変わったころ、浅草の見世物小屋には、まだ美術とはいえない何だかよくわからないものが躍動していた。両国は盛り場の面影をすっかり失ってしまったが、浅草は今なお盛り場であり続けている。ただし、油絵やら屋外彫刻やらの新しい美術はその居場所を浅草から上野へと移してしまった。明治十年以降、上野公園では盛んに博覧会が開かれるようになり、西郷隆盛の銅像がその南端に建つのは明治三十一年(一八九八)、「石像楽圃」から二十三年目のことである。

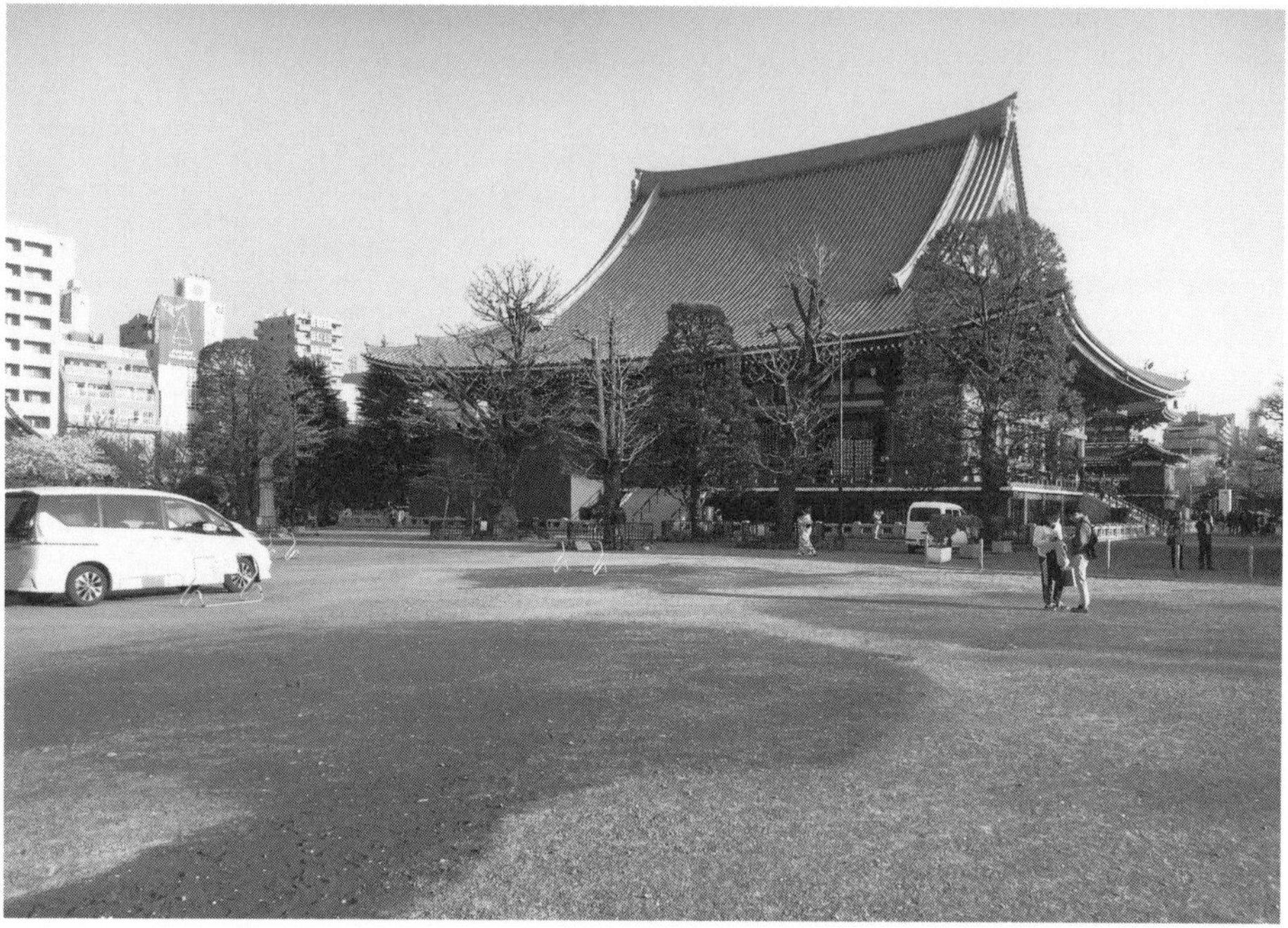

浅草奥山

寺には山号というものがあり、浅草寺の場合は金龍山、ゆえに本堂の裏手は「奥山」と呼ばれた。今でも本堂左に祠が並び、右には浅草神社が鎮座し、本堂を出た参詣客はさらに巡り歩く。奉納されたたくさんの石碑も目にとまる。江戸時代にはここで盛んに見世物が開かれた。聖なる場所と俗なる場所が渾然一体となっていた。

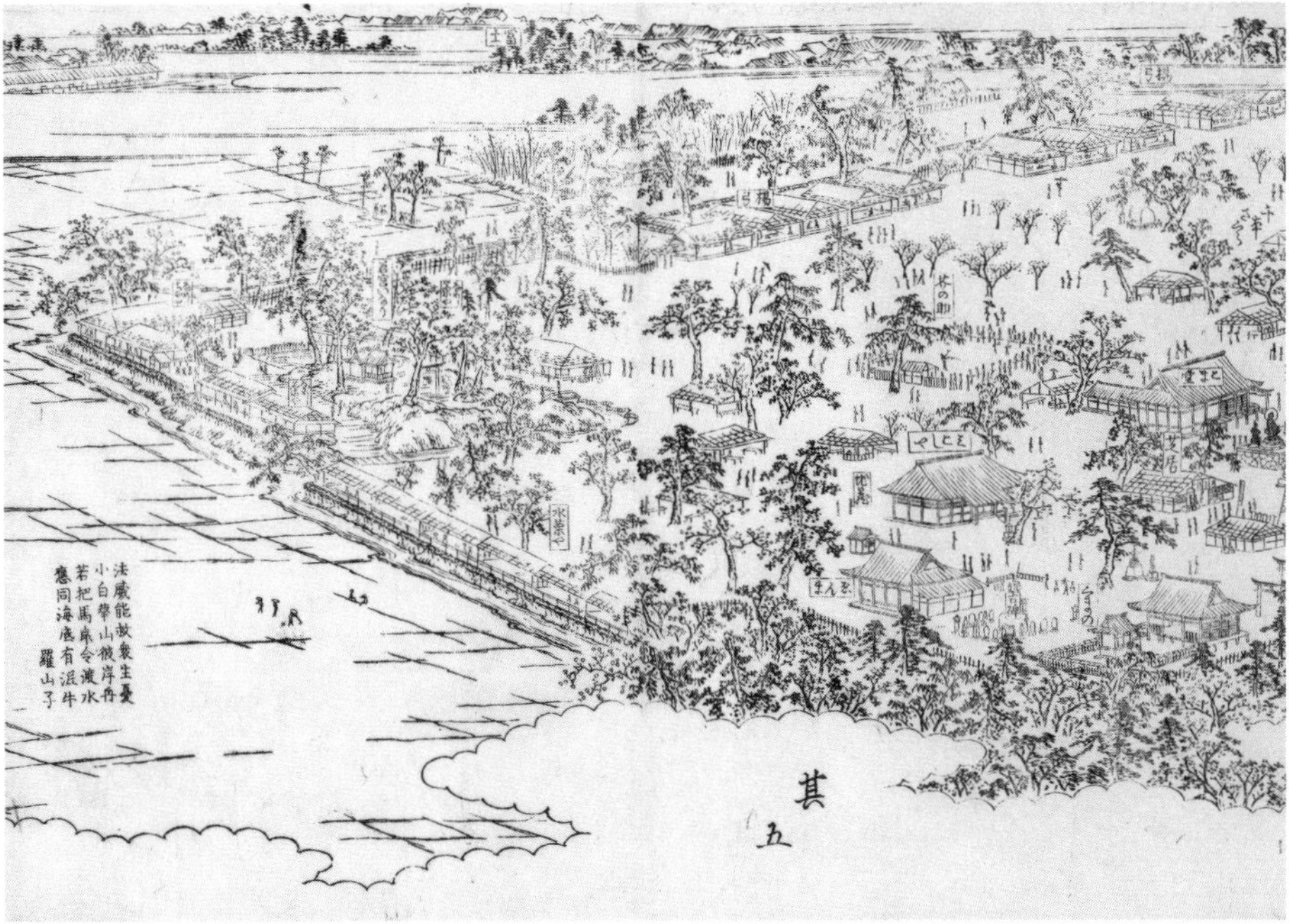

水茶屋

『江戸名所図会』が伝える天保年間の奥山には水茶屋がずらりと並ぶ。この中の一軒を借りて油絵茶屋が出現するまでにはまだ四十年ほどある。目を凝らせば、芝居小屋があり、揚弓屋が軒を列ねる。境内を出るとすぐに田んぼで、これを「浅草田圃」と呼んだ。一本道を歩いてゆけば、その先には吉原という別世界が待っていた。

石像楽園

日本橋の人形師鼠屋伝吉には渡欧経験があった。一八七三年に開かれたウィーン万国博覧会に、「物品陳列」担当の職人として参加したからだ。帰国後、浅草奥山の生人形定小屋で開かれた見世物「百工競精場」で、ウィーンの都市風景を得意の人形で見せた。それは日本の屋外彫刻の未来像だった。引札は吉徳資料室蔵。

井伊掃部守

明治になると間もなく旧彦根藩士たちが主君井伊直弼の銅像を建てようと企てたが、東京には建てることを許されなかった。安政の大獄という政治的弾圧の張本人井伊の顕彰に反対する意見が多かったからだ。一九〇九年、横浜開港五十周年を機にようやく横浜に実現した。開港百周年ごろまでは脚光を浴びたが、やがて忘れられてゆく。

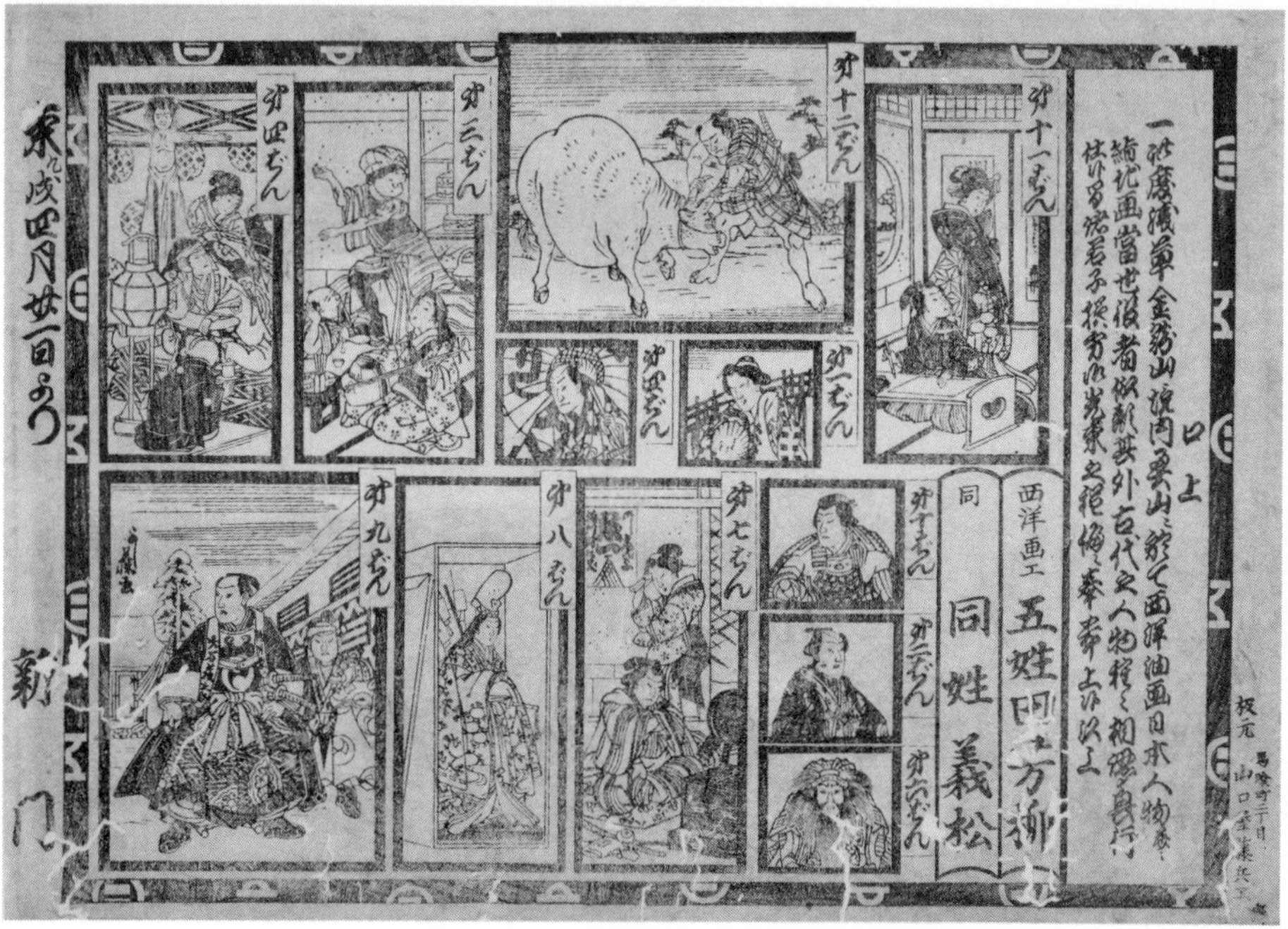

西洋画工

幕末の横浜で外国人相手に日本土産の風景画や肖像画を描いていた五姓田芳柳、義松父子も、明治になると浅草に移り住み、一八七四年に奥山で西洋画の見世物を開いた。芳柳描く芝居絵と役者の似顔絵、義松描く肖像画を見せた。洋画家としての技倆は子が父をはるかに上回っていたはずだが、ふたりはともに堂々と「西洋画工」を名乗った。引札は吉徳資料室蔵。

油絵茶屋

油絵茶屋の呼び物は、「函館戦争図」「台湾戦争図」という大きな油絵だった。一八七六年の浅草奥山でなぜこのふたつの戦争画が公開されたのか、これが油絵茶屋を考える面白さだ。片や戊辰戦争という内戦最後の戦い、片や対外戦争のはじまりと好対照であり、どちらも浅草寺開帳に集まった庶民に強く訴えるものだった。その後、靖國神社遊就館に奉納された。

力持ち

境内では力持ちたちによる力比べが行われた。彼らの持ち上げた石が残されている。これを力石とも、さし石とも呼んだ。中心には熊治郎が持ち上げた百貫の石が建ち、「熊遊」と刻まれている。それは一八七四年のことで、同じ境内で鼠屋伝吉の「石像楽圃」や五姓田父子の「西洋画」見世物が開かれた同じ年である。

志ん橋

浅草寺は背後の吉原遊郭と密につながっていたが、現代の浅草寺にその関係を見つけることはできない。唯一、本堂正面に吊るされた大きな提灯に「志ん橋」とあり、花街とのつながりをうかがわせる。大提灯なのに、小いく、小糸、香子、小梅、小喜美、小金と「小」のつく名前ばかりが並んでいる。

十二階下

浅草十二階の足元には安手の飲み屋、揚弓屋、娼家が軒を列ねていた。江戸川乱歩の小説「押絵と旅する男」は、十二階の展望台から階下を覗くところから始まる。それら妖しい町は一掃されたはずなのに、「『暴力、たかり、スリ、娼婦』が多くなっています。」という看板が今なお立っている。多くなっているって、当時から右肩上がり？

地下鉄銀座線

日本最初の地下鉄は一九二七年に浅草と上野を結んだ。その後、銀座に延びて銀座線と呼ばれ、さらに渋谷へとつながった。浅草が東京一の盛り場であったことの証である。浅草に着いたら進行方向の改札を出て、薄暗い地下街を進み、とんとんと階段を上ると吾妻橋の西詰に出る。隅田川はすぐ目の前を流れている。

吉原稲本楼

吉原を歩いていた時、ビジネスホテル稲本を見つけてびっくりし、躊躇なくフロントに飛び込んだ。しかし「小稲さんを呼んで」とは言えなかった。いるはずがない。稲本楼といえば小稲、小稲といえば画家高橋由一が描いた「花魁」である。花魁の髪型が廃れるのを惜しんだ楼主が、後世に伝えたいと由一に制作を依頼した。

第二巻

ハリボテの町

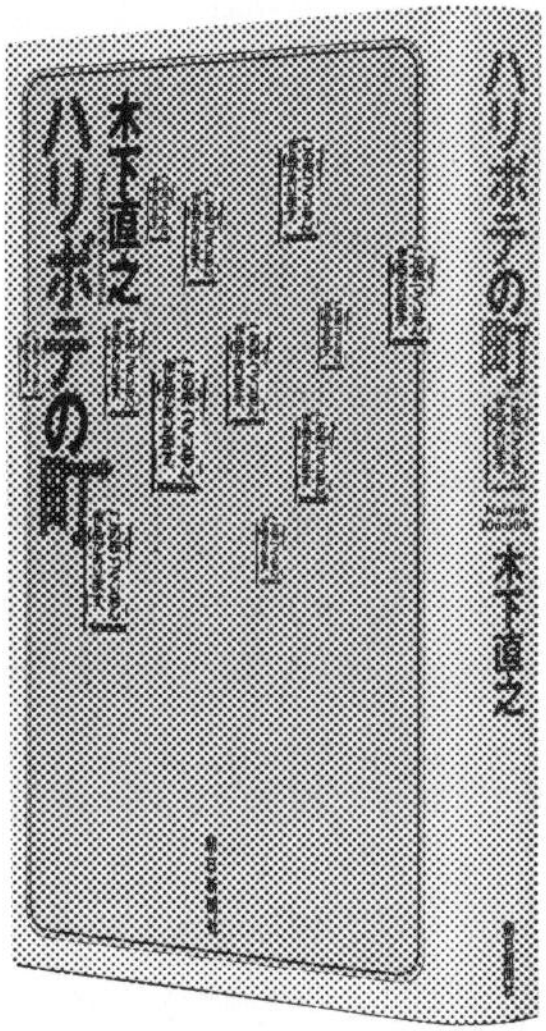

1996

シオヤライフ

この本のタイトルをハリボテの町にするか、街にするかで悩んだ覚えはない。躊躇なく「町」を選んだ。二十七歳の秋、神戸の西の外れにある塩屋という小さな町に住むことになった。結婚を機に入った県職員住宅がたまたまそこにあったからだ。窓に鉄のサッシがはまった古い集合住宅の三階だった。間取りは3K、洗濯機を置く場所がなく、それは玄関にどんと鎮座した。

縁もゆかりもない兵庫県に就職したころ、自分はまるで風来坊だと思っていた。風に吹かれて飛んだ種がたまたまそこに落ちた感じだった。いっしょに住む者はともかく、住む場所はどこでもよかった。いや、正確にいえば、二十歳のころに知り合った女といっしょに暮らすために就職先を探し、そして家を探したという順番だ。ブラブラしている暮らしに愛想を尽かされ逃げられる寸前だったからだ。

知らない土地にだんだんと根をおろした。古くからの漁村だった塩屋に住んで（何しろ井原西鶴『好色一代男』に魚臭い女が登場するぐらいだ）、坂道ばかりの塩屋を歩きながら考えたことをまとめた本のタイトルに、「街」という選択肢はなかった。街なら街路樹がなければならない。

町に馴染んできたなと思い始めたころ、変哲もない風景を写真に撮ってはハガキに仕立て、新しい土地の新しい友だちに有無を言わせず送りつけた。それを「シオヤライフ」と名づけた。

そんな近所の何でもない写真を撮ることが面白く感じ始めたころ、大阪の朝日新聞で「街を歩けば」という連載を始めた。建築史家の藤森照信さんが新聞社との間をつないでくれた。その時にもタイトルを「街」ではなく「町」にしたかったが、社の方針でどうにもならなかった。

写真の場所だけは読者に明かさないという方針をとった。どこにでもある身近な風景の中に、どこにでもある問題を見つけたかったからだ。たとえば「残されたんだ門」という風景は、その後もいろいろな土地で目にした。建物は取り壊したけれど、せめて門だけは残したいという思いがそこに宿る。それは塩屋に限った話ではない。

通勤兼散歩

藤森照信さんや赤瀬川原平さんらの路上観察学会（一九八六創立）の活動に刺激を受けたことはいうまでもない。とりわけ一木努さんの「建築の忘れがたみ」展（ＩＮＡＸギャラリー、一九八五）には感銘を受け、翌年、それが大阪に巡回した時に地元の新聞に展評を書いた。

建築のかけらを収集する一木さんの執念もさることながら、建物が壊されたあとの喪失感に深く共感した覚えがある。風景は一瞬にして変わり、そうなるともうそこにどんな建物があったのかは思い出せない。つくづく建物は個人の所有であっても、風景はみんなのものだと思った。ただし、路上観察学会は仲間で楽しむ句会のようであり、私の面白がり方とは少し違うという思いもあった。ひとりでもっと過去へと入っていきたかったのだ。

連載「街を歩けば」がこの本の出発点であり、この本の半分を占めている。連載が「ただの散歩」という章になり、「街」を念願の「町」に変えて『ハリボテの町』とした。朝日文庫に入る時には、「通勤篇」という変なサブタイトルもつけた。採り上げた風景の大半が通勤途上で目にしたものだからだ。

「ただの散歩」の冒頭で、「実は私の通勤は散歩のようなものなのです。それどころか、その先で毎日私を待っている仕事が、百年前の日本の町をぶらぶらするようなものなのです」だなんて、好き勝手なことを書いている。

この生活感は今も変わらない。ゆえに、この本で話題にしたことは今もなお関心事でありつづける。つくりもの、駅前彫刻、凱旋門、男性裸体像などがすでにこのころから気になってしかたがなかった。今だって文庫の表紙にした「ふたり連れ」(歩行者優先道路の標識)を見かければ、男はまだ女の子を連れ回しているのかと呆れ、その姿を「誘拐犯足取り」と題したファイルに記録する。

駅前薬局と駅前彫刻

「私、駅前薬局の息子でございます」と題したあとがきに、浜松駅前の写真を添えた。そこには、本屋の店頭で立ち読みをしている私と弟が写っている。間違いなく『少年マガジン』か『少年サンデー』を読んでいたはずだ。カメラを構えた父の視点が高過ぎると思われるかもしれないが、駅前にあった私の家は当時珍しい三階建ての長屋だった。父は屋上からふたりをねらっていた。

そのころの駅前はただの広場だった。駅の昇降客は思い思いの方向に勝手に横切って歩いた。やがて、車のためのロータリーが出来る。それまでにはなかった広場中心が生まれる。そこに何かを置こうという話になって、彫刻が建つようになる。同じことが全国津々浦々で起った。現在は地元ゆかりの戦国武将が騎馬姿でふんぞりかえっていたりするが、当時はむしろ抽象彫刻が昇り龍の勢いだった。

浜松駅前にも「伸びゆく浜松」という名のモニュメントが出現した。それに対する反発が、私をモニュメンタルではないもの、今ならエフェメラルなものと表現すべきその場かぎりのもの、仮設的なもの、一過性のものへと向かわせた。

それが「つくりもの」だった。「作物」と書いたり「造物」と書いたりする。平安時代にさかのぼる古い言葉だ。これに対する「作品」は新しく、明治時代後半になってようやく使われ始める。それまでは鷗外も漱石も、自分の「作品」を「作物」(この場合は「さくぶつ」と読んだ) と称した。

それを「作品」と呼ぶことがモニュメントに通じるということを美術館の職場でいやというほど知らされたから、逆に、「つくりもの」の世界へとのめり込むことになった。北陸の祭りでたまたま目にした、いったいどっちなんだとツッコミを入れたくなる「この先つくりもん作品があります」という看板を、この本の表紙に使わないわけにはいかなかった。世界は複雑だ。

シオヤライフ

ひょんなことから神戸の西のはずれ、塩屋という小さな町に住むことになった。路地と坂道しかない。駅前広場も駅前彫刻ももちろんない。代わりに海があり山がある。この町に馴染むにつれ、風景を写真に撮り、ハガキに焼き、「シオヤライフ」と名づけてあちこちに送りつけた。

逆さ階段

いつのまにか、わたしの「塩屋百景」が出来上がった。いや、通勤路だったこの階段は「塩屋八景」にさえ入れてもよい。上るたびに広くなり、下るたびに狭くなる。いつも別世界の入口に立っている気がした。

誘拐犯

「ここでは誘拐可」という誤解を与えかねない帽子の男の跡をつけて行くと、日本中を旅することができる。幼い女の子をこれだけ連れ回し、各地で目撃されているというのに、なぜか捕まらない。

高飛び

男は台湾に高飛びをしていた。台北市内でも姿を見かけたからだ。なるほど町に溶け込んで、これなら簡単には捕まらない。どこかで買い替えたのだな。帽子が立派になっている。ズボンの生地もよさそう。

駅前薬局

生家は浜松駅正面の薬屋だった。一九六四年の新幹線開通に合わせて、駅の背後に新幹線駅が建ち、古い駅舎が壊されて広場が大きく広がった。やがて人は地下、車は地上に分けられた。ロータリーの中心に「伸びゆく浜松」という名のモニュメントが修景施設計画委員会によって置かれた。「修景」への違和感のはじまり。

駅前彫刻

「駅前彫刻」という言葉で、駅前に存在するものの一切をまず視野に収めようと思った。広場がある。花壇がある。広告塔がある。時計塔がある。彫刻がある。彫刻には具象彫刻もあれば抽象彫刻もある。看板なのか彫刻なのか区別のつかないものもある。改札口には生け花もある。それらはどのように登場してきたのだろうか。錦糸町駅前。

建築とたてもの

嘘だろう、と思うが、嘘ではない。まるでマンガかアニメの家を立体化したかのようだ。いまや歯止めはなくなり、建物は好き勝手に作ることができるのか。隣の白亜の洋風建築は、正面に回ればイオニア式円柱を四本配した旧遠州銀行本店、一九二八年浜松に竣工、これもふっと嘘に見えてしまう。

おしゃれ横丁

この横丁もいずれ再開発で姿を消すだろうと思い、小田原を訪れるたびに歩くことにしている。そうして二十年は過ぎているのだから、案外、城門は堅牢である。そういえばここにもあの誘拐犯が潜んでいる。

一式飾り

美術館に展示された美術作品を見ることに息の詰まる思いを感じて（実際に息を止める）、西日本各地に残るつくりものの祭りを見て歩いた。こちらでは、逆に笑いながら見る。わいわい言いながら歩き回る。鳥取県西伯郡南部町では「一式飾り」と呼ぶ。同じ種類の道具一式でつくるという意味だ。スポーツ用品一式の鯱《しゃち》、これまでに見た最高傑作。

つくりもの

富山県高岡市福岡町では訛って「つくりもん」と呼ぶ。野菜一式が大原則だ。すべてを穫れたばかりの野菜でつくる。つくっている先から傷み、祭りの二日間をもたせるのが精一杯。あとには何も残らず潔い。現地で「つくる苦しみ、見る楽しみ」という言葉を聞いたが、毎年つづいているのだから、つくる楽しみは間違いなくあるだろう。

三ツ山

二十年に一度の祭り、と聞いただけで感動した。三つの巨大な山が出現する。一生のうちに数回しか見られない山。それはたったの数日間だけなのに、人生は短く、つくりものは長い。姫路の町が空襲で焼かれるまでは、三ツ山祭りに合わせて、商家の屋根にさまざまなつくりものが飾られ、道行く人を楽しませた。今は地べたに置かれる。

第三巻

写真画論

―写真と絵画の結婚

1996

意外に思われるかもしれないが、この本は阪神淡路大震災の産物だった。少なくとも「写真と絵画の結婚」というサブタイトルは震災がなければ生まれなかった。「はじめに」の最後に、その理由をこんなふうにそっと忍ばせておいた。

こうした写真と絵画の間の出来事は、『結婚』という幻想をめぐって起こるわれわれ人間同士の、無数の、多様な、しばしば物質的な出来事に似てはいないだろうか

いや、これではなんのことかさっぱりわからない。そりゃそうだろう。単に、「写真と絵画の間で起ったことは、無数の、多様な、しばしば物質的な接触による」と書くだけでもよいからだ。

それをわざわざ「結婚」にたとえたのは、一九九五年一月十七日の早朝に起った地震の揺れがたった二十秒ほどであったというのに、揺さぶられた男と女が（ほかの組み合わせもあったかもしれないが）、その後、いとも簡単に結婚したり離婚したりしたことに感動してしまったからだ。大地と人間関係のそれぞれの動揺が関連し合ったことに、それこそ心を揺さぶられたのだった。

当時、震災結婚とか震災離婚とかいわれた。今からふりかえれば、写真画論ではなく、結婚論を書くような勢いだった。この本は《近代日本の美術》という叢書の一冊であり、サブタイトルに「結婚」は岩波書店の社風に合わないという感じで編集者からは

やんわりと拒否されたが、聞く耳を持たなかった。

「結婚という幻想」、としたところが味噌である。一方に社会的な制度があり、一方に物質的な出来事、いいかえれば身体的な接触がある。その間に無数の幻想がある。こんな図式を頭に描いたのは、身体的な接触がなくても生じる想像妊娠というものがそのころとても気になっていたからだ。現代ならばさらにバーチャルな世界が大きく広がる。ネット上の交際、三次元の人間と二次元の人間の恋愛もありふれた光景だ。

本当は、写真と絵画という問いの立て方がすでに間違っている。それぞれの実体が並び立っているわけではない。写真にせよ絵画にせよ、その形態も媒体（メディア）も表現も機能も居場所も多様であり、それらを写真、絵画という言葉で括っているに過ぎない。ともに幻想である。現実とは、幻想をめぐって起る無数の物質的な出来事である。十九世紀の日本に焦点を絞り込んで、その諸相に目を向けようと考えてこの本を書いた。

写真のようなもの

たとえばこんなものがある。「透画外国キングクイーン肖像」。本書の元になった展覧会「日本美術の十九世紀」（兵庫県立近代美術館、一九九〇）の準備段階で見つけた。

それは板状の白い磁器で、表面に凹凸が施してある。一見、何かわからない。それを光にかざすか、裏から強い光を当てると、一瞬にして立派な身なりの男女の肖像が浮かび上がる。まるで魔法だ。おそらく、ウィーン万国博覧会（一八七三）から持ち帰ったものだろう。展覧会ではボタンひとつで明暗が切り替わる装置をわざわざ作ってそこにはめ込み、写真のようなものとして展示した。

肖像写真から肖像画を描く商売が開港後の横浜で流行った。五姓田芳柳一派はそれで稼いだ。当時の写真は小さくて、色がなく、退色しやすく、その欠点を絵画が補った。衣装は自由に替えられるから、和服姿の外国人の肖像がたくさん描かれた。写真の皮膜の裏側から彩色する写真油絵も流行ったようだ。先駆者横山松三郎が果敢に実験を行った。

写真掛軸というものを神戸三宮の古書店で目にした。箕面《みのお》の風景写真だ。明治末年、神戸の小島写真館で制作されたもののようだ。それが表装された姿は私には大いなる驚きだったが、市場では下手物扱いされていたのか、手の届く値段だった。掛軸にしたのだから床の間に飾って眺めたのだろう。こんなふうに、写真史からはこぼれ落ちていたものをせっせと拾い上げた。

ポルノ写真

写真史がその視野から外してきたものといえば、ポルノグラフィがある。参考書は星野長一『明治裸体写真帖』（有光書房、一九七〇）ぐらいしかなく、あとは古写真コレクター石黒敬章さんのコレクションが頼りだった。ポルノグラフィは写真の発明とともにあったといってよいが、当時も今も地下で流通し、表舞台にはなかなか出てこない。

ヌード絵画・ヌード彫刻・ヌード写真に光があたるのなら、もっと赤裸々な性表現である春画やポルノ写真をも視野に収めるべきだ。と考えて、石黒コレクションから一枚の大股開きの写真をお借りし、本書第六章「国家と写真」に、「皇国貴顕之像」(俗に「御真影」と呼ばれたもの)の少しでも近くに置くことを意識しつつ掲載した。

被写体は社会の頂点と底辺に分かれるが、どちらの写真も直視を憚られるという点で共通していた。あるいは、どちらも、その流通が厳しくコントロールされたという共通点を有していた。明治の早い時点で、春画もポルノ写真もその販売は犯罪とされた。「結婚」さえ嫌がる編集者に、この写真が嫌われたことはいうまでもない。もちろん、修正を施された。本書とほぼ同時期に刊行された石黒敬章編『明治期のポルノグラフィ』(新潮社、一九九六)、その後の石黒敬章『びっくりヌード・おもしろポルノ』(平凡社、二〇〇二)にも同じ写真が載っているが、岩波書店と新潮社と平凡社では修正の度合いが微妙に違っていて興味深い。

阪神淡路大震災

一九九五年一月一七日早朝のわずか二十秒余りの大地の揺れで町は壊れた。わたしの家はこの山の向こう側にあった。自転車で職場に向かう途上で撮った一枚。このあとまだ二時間近くペダルをこぎ続けなければならなかった。大地の揺れはその上に暮らす人と人の関係をもさまざまに揺さぶった。

建物の消滅

被災地に入ったメディアは、撮影し易い、よりインパクトのある光景を求めて、各社が同じ場所から繰り返し報道し、そこはあたかも「名所」のようになった。その陰で、瓦礫と化した多くの建物があっという間に片づけられてしまった。たまたま、名建築第一勧業銀行神戸支店がこの世から姿を消す寸前の光景を撮ることができた。

写真撮影

「写真撮影」という言葉はとても古い。見慣れた風景にあってもつい目が止まる。「真を写す」「影を撮る」という具合に、ともに動詞と目的語の関係にある。英語では、写真はphotography（光で描くという意味）、撮影はtake a pictureかtake a photographとなり、そこには「真」もなければ「影」もない。

肖像店

撮影の「影」は人の姿を指す。「面影」とは目を閉じると浮かんでくる誰かの顔であり、「遺影」は人がこの世に遺していった姿である。いずれもカゲロウのように儚《はかな》く、この手でぎゅっとつかめる気がしない。それを肖像画に仕立てて確かなものにする商売がある。朝鮮戦争のころに横須賀に店を開き、ベトナム戦争のころにはたくさんの米兵を描いたという。

人間の証明

「写真」という言葉が定着したがゆえに、それは真実を写すものだと信じて誰も疑わない。一番の証拠は、その人であることを顔写真に語らせてきたことだ。だからパスポートにも運転免許証にも、顔写真がついている。人は人を顔で識別する。たぶん大昔から。大半の場合、誰それさんとはその人の顔である。

顔をさらすひとびと

——いやいや

これらの手配写真にどれだけの効果があるだろうか。よど号ハイジャック事件は一九七〇年に起った。ほぼ半世紀前なのだから、彼らの顔にさらに半世紀の年輪を加えなければならない（少しは加わっている）。そう考えれば、これらの写真はとうてい役に立たないし、むしろ逆効果だ。挙げ足を取れば、本人ではなく「似ている人」を通報すればいいの？

顔をさらすひとびと

——嬉々として

嬉々として顔をさらすひとびともいる。頼まれもしないのに、顔写真をプリントした看板やポスターを町のあちこちに貼り出す。多くの場合は、顔写真と名前がセットで、「変えます」、「守ります」、「実現します」など決意の言葉が添えられる。雨ざらしの写真は色褪せ、言葉との距離が開く。

顔をさらすひとびと
——流し目で

指名手配された容疑者のようにいやいや顔をさらされているのでも、政治家のように嬉々として顔をさらしているのでもない。商売と割り切って、カメラの前に立ったのだろう。その流し目に引き寄せられて、今夜も客が店の中へと入ってゆく。

映画館

写真の延長線上に映画が登場した。かつての「活動写真」という名前が強いつながりを示している。まさに活動写真の時代には、絵看板が掲げられ、幟がひるがえり、芝居小屋さながらだった。館内に足を踏み入れれば、スクリーンの前で弁士が熱弁をふるった。少し前まで、その面影を絵看板が伝えていた。

映画館

ショッピングモールは、格納庫のように殺風景だ。窓のない巨大な箱が、多くの場合はかつて農地だった場所にどんと置かれている。しかし、一歩足を踏み入れると、そこにはお店の並んだ町並みがある。建物の内側に町があり、町と建物との関係が逆転している。映画館という箱もさらにこの箱の中に取り込まれた。

写真掛軸

この写真掛軸を手に入れたがゆえに、第三巻『写真画論』に「写真と絵画の結婚」などという副題をつけたのかもしれない。表装された写真。床の間で眺められた写真。写真が一番絵画に接近を試みた時代の産物。絵画に寄り添うことで芸術になろうとした。しかし、それは形式だけの結婚に終わった。

第四巻

世の途中から隠されていること

——近代日本の記憶

2002

世の途中から

このヘンなタイトルは、本書冒頭で明かしたとおり、ルネ・ジラール『世の初めから隠されていること』(法政大学出版局、一九八四)からパクった。同書は「叢書ウニベルシタス」の一冊だ。大きな本屋に行くと、白い背表紙に難解な、しかしちょっと気になるタイトルがずらり並んでいるあの叢書だ。

ついでにいえば、第六巻『股間若衆』はもちろん『古今和歌集』から借りたが(『新古今和歌集』、『和漢朗詠集』にもお世話になった)、第八巻『銅像時代』と名づけようと思った時に、頭に浮かんだ、というよりも耳に聞こえてきたのは上村一夫『同棲時代』(『漫画アクション』連載、一九七二—七三)という響きだったのだからお里が知れる。第五巻『わたしの城下町』は小柳ルミ子の歌「わたしの城下町」(作詞安井かずみ、作曲平尾昌晃、ワーナー・ブラザース・パイオニア、一九七一)のもろパクリだし。

「世の途中から隠されていること」とは「世の途中から隠されているもの」でもある。「もの」、すなわち物証を得なければ、「こと」は明らかにならない。本書には、そうした物証を数多く挙げている。その中から代表をひとつ選べといわれたら、躊躇なく、広島市南区皆実町《みなみまち》の平和塔を挙げる。

この地に日清戦争の勝利を祝う凱旋碑が建ったのは明治二十九年(一八九六)のことだ。碑の下を通る道は宇品港につながっており、日清戦争でも十年後の日露戦争でも、日本軍は宇品から出陣し、宇品へと凱旋した。その凱旋軍を迎えるように建立された。

碑の頂点には、金色の鵄《とび》が羽を広げて止まっている。金鵄は神武天皇ゆかりの鳥で、勝利のシンボルだった。日清戦争ではいたるところに現れ、各地の記念碑に舞い降りて今日に至っている。すでに第二巻『ハリボテの町』に第四章「記念碑に止まる鳥」があるとおり、博多櫛田神社の「明治二十七八年征清記念之碑」や仙台城趾の「昭忠碑」などを追いかけていたのだから、当然、広島の凱旋碑も視野に入ってきた。

ところが、いざ現地に立ってみると、それが凱旋碑であることを示すものも、解説板も何ひとつない。それどころか、塔の正面には「平和塔」と記され、背面には「昭和二十二年八月六日」と刻まれているばかりだ。

この日に、のちに平和記念公園になる慈仙寺の鼻（太田川が元安川と本川に分かれるあたり）を「平和広場」と呼んで、原爆炸裂から二年目を記念する第一回平和祭が開かれた。世の途中から何が隠されてしまったかは明らかだろう。広島で原爆ドームや平和記念資料館を訪れるのもよいが、平和塔の前に立つと日本の近代が見える。

ぬっとある

この旧凱旋碑・現平和塔を通じて、写真家の土田ヒロミさんと出合った。土田さんは早くから広島の原爆の記憶を追いかけ、その遺構を撮影しまとめた『ヒロシマ・モニュメントII』（冬青社、一九九五）に平和塔を収めていた。

同時に編集者の山内直樹さんとも知り合った。というよりも、ふたりは分ち難くつながっており、ポーラ文化研究所の季刊誌『is』やNHK出版などで長く仕事を重ねていた。そこに私も加わり、たびたびトリオを組んで、伊豆や出雲や広島、さらには大船観音や国会議事堂へと取材に出かけることになった。

それにしても、is（イズ）の伊豆の旅は楽しかった。熱海城を攻め、それから南下して下田に泊まり、翌日に下田城攻略を試みると、城の奥からなんと「大奥」という肩書きの名刺を持った社長夫人が現れてびっくり仰天したものだ。熱海城・下田城ともに天空の城、ならぬ架空の城である。

『is』での数々の取材からは、『ぬっとあったものと、ぬっとあるもの――近代ニッポンの遺跡』（ポーラ文化研究所、一九九八）という本書よりもさらに輪をかけてヘンなタイトルの本も生まれたのでご覧いただきたい。表紙は大船観音、これこそ風景の中に「ぬっとある」。

「ぬっと」は違和感の表明である。風景の中に納まっていないのだ。そしてそれは間違いなく、何ごとかの物証だ。最近では、広島県呉市の駐車場の潜水艦にそれを感じた。船だから駐車ではない。停める、泊まる、置く、飾る、すべてがヘンで、「ぬっとある」としか言い様がない。

博士の肖像

この本のもう半分は、展覧会「博士の肖像――人はなぜ肖像を残すのか」展（東京大学総合研究博物館、一九九八）を下敷きにしている。私が美術館を離れて博物館に移り、はじめて企画した展覧会だった。美術館は美術品しか扱わないから窮屈だと思って飛び出したのだから、美術品かそうでないかはいっさい問わず、東京大学本郷キャンパスに存在するすべての肖像を対象にした。ただし、数が多いので写真は除外し、彫刻と絵画に絞った。

それらが誰の肖像であり、誰がその製作を呼びかけ、誰が資金を出し、誰が製作したのか、そして、いつどこにどのような理由で置かれ、現在はどのように存在しているのかをシラミつぶしに調べた。

それら肖像は大学の備品でもなければ財産でもなかった。同僚や教え子が資金を出し合って製作されたあとは、肖像になった当人（像主という）ゆかりの場所に置かれる。やがて、それが誰なのかわからなくなる。あるいは当人の身代わりであるがゆえに破壊される。大学紛争時にそれは当然のごとく起った。破壊にいたらなくとも、邪魔になる。邪魔にならないように、ならないようにと動かされる。そうして、吹きだまりのような場所に集まってくる。肖像というものばかりでなく、東京大学の姿もまた浮き彫りになる。

凱旋碑

広島は近代の日本が朝鮮半島・中国大陸に軍隊を展開する拠点だった。宇品港から兵隊も武器も送り出された。広島市内から軍港に向かう道の傍らに「凱旋碑」が建てられたのは一八九六年春、すなわち日清戦争終結の翌年、まさしく戦場からの凱旋軍を迎えるものだった。塔の頂上には、勝利の瑞兆であった金鵄《きんし》が止まっている。

平和塔

ところが、現在は柱の根本からおそらく「凱旋碑」の文字が消え、代わりに「平和塔」と刻まれている。背後に回ると「昭和二十二年八月六日」という文字があるばかりで、この記念碑が元は何であったのか、いっさいがわからないようになっている。金鵄はいつまでも飛び立つ気配がないというのに。

原爆ドーム

破壊される前の原爆ドームは壮麗なデザインではあったけれど、単なる壮麗な建物に過ぎなかった。破壊されたあとは、今度は数ある廃墟のひとつに過ぎなかった。地獄図を思い出したくないから壊せという声も上がった。それは東北での「震災遺構」をめぐる現在の議論に通じる。それを残すことになって「原爆ドーム」の名が生まれた。

原爆ドームの建設

つまり、「原爆ドーム」は新たに建設されてきたのである。広島では原爆ドームのプラモデルが市販されているが、それはこの建物の性格をよく示している。多くの建築保存が竣工時の姿に戻そうとするのに対し、原爆ドームは破壊された姿、最も不安定な姿を保存し、後世に伝えるというとんでもない難題を抱えている。

広島城

日清戦争では広島城内に大本営が置かれ、七ヶ月にわたって明治天皇が駐在した。天皇が軍の統率者だったからだ。天皇が質素に暮らした建物は「史蹟」として大切に保存された。原爆はこれを天守もろとも吹き飛ばし、今はそこに礎石だけが残り、平和記念都市建設を進める広島には不都合な遺跡であるかのように放置されてきた。

折り鶴

折り鶴の行方が気になる。一時期、広島市は旧広島市民球場や旧日本銀行広島支店に折り鶴展示室を設けて見せたが、ご覧のようにすぐに満杯になってしまう。そもそも奉納されたものを残すことに無理があり、展示することにはもっと無理がある。絵馬に似て、捧げること、供えることに意味があり、あとは朽ち果てたところで問題はないはずだ。

記念碑に舞い降りた鳥

柱に刻まれた「明治二十七八年戦役」とは日清戦争のこと、当時はむしろこの呼び名が普通だった。エジプトのオベリスクのようであり剣のようでもある。しかし、ここには軍艦のマストに止まった鷹のイメージが強くある。実際、航行中のマストに飛来した鷹は瑞兆として喜ばれ、そのうちの一羽は「霊《れい》鷹《よう》」と呼ばれて天皇に献上された。博多櫛田神社。

記念碑に跪《ひざまづ》く裸婦

実はこの記念碑にも鳥が止まっていた。皇紀二六〇〇年を記念して竣工した時、柱には「八紘《はっこう》一宇《いちう》」の文字が記され、頂上には金鵄がいた。戦後間もなくして、それは「みどりの塔」と名を改め、金鵄の代わりに裸の女が跪いた。ところが、塔の背後の壁には神武東征のレリーフがそのまま残された。こちらの金鵄は神武天皇の矛先に健在だ。神戸須磨浦公園。

ぬっとあるもの――観音像

誰かが建立しようと言い出さなければ、こんなところに観音は出現しない。立ち上がったらとてつもない大きさだが、上半身しかなく、立ち上がることはできない。代わりに（?）、胎内にわれら衆生を招き入れてくれる。そこは戦没者慰霊の場になっており、戦時下に始まった大船観音像建立が戦争と無縁ではないことを教えてくれる。

ぬっとあるもの――潜水艦

大教室のスクリーンいっぱいにこの写真を映して、学生たちに「この光景を見て何とも思わないなら帰っていいよ」といったことがある。「でっかい」でも、「かっこいい」でもいい。無反応が一番困る。授業は博物館展示論なのだから、潜水艦がなぜここに展示されているのか、その意図を考えなければならない。なぜ、わざわざ呉の駐車場に駐車（?）させるのか。

博士の肖像

いくら重くたって銅像はいとも簡単に移動する。それが誰なのかがわからなくなった時が危機で、捨てられないまでも、少しずつ邪魔にならない場所へと移され、やがて日陰の存在になる。ところが、ある日突然に脚光を浴びることもある。ふたりの間には病院から延びてきた大きな排気装置があり、ふたりはいつも顔をしかめていたが、ようやく取り除いてもらえた。東京大学本郷キャンパス。

第五巻
わたしの城下町
——天守閣からみえる
戦後の日本

2007

お城のなかの小学校

元城小学校に学んだ。その名のとおり、そこは「元お城」だった。運動場からはいつもお城が見えた。クラス写真は、いつもお城を背にして撮った。

小学校四年生のころだろうか、運動場から見て描いたお城の絵が浜松市内の絵画コンクールで賞をもらった。内田賞という権威ある賞だ、ということは子ども心に聞かされたが、大人になって美術の世界に進むと、それが内田六郎というお医者さんで、やがて私が引きつけられてゆく泥絵やガラス絵の大コレクターであることがわかった。絵はしばらく教室の黒板の上に掲げられていた。ぼんやりとその絵柄を思い出すが、あの絵はどこに行ってしまったのだろう。

父も母も、そして祖母も、誰もが「お城」と口にしていたから、それを「お城」と呼ぶことに抵抗がなかった。物心ついた時から、それは「お城」であって、「城」でも「浜松城」でもない。たぶん、この町では、昔からずっと「お城」と呼ばれてきたに違いない。「お殿様」の「お」であり、「お姫さま」の「お」であり、「お屋敷」の「お」でもある。

ある時、城に「お」をつけるかつけないかで、その人が城下町生まれであるかないかがわかる、ということに気がついた。かなりの確率でそれはいえるのではないか。お城のない町に生まれ育ったら、身近な風景にお城がないのだから、映画やテレビの時代劇、小説や歴史書で学ぶしかない。そこでも「お城」を耳にするかもしれないが、「お」に実感は籠らない。そこが母語の「お城」と決定的に異なる。

はじめに
ベニヤ城ありき

この本のはじまりは聖書のように明快だ。はじめにベニヤ城があった。

　ある時、老いた母とふたりで、ふらりと浜松復興記念館を訪れた。空襲で焼け野原となった浜松の復興は、母の青春時代と重なっている。亡くなったあとでアルバムを整理していたら、男友達・女友達と浜名湖に遊びに行った時の写真が出てきた。ワンピース姿の母は写真の真ん中に収まって、キラキラと輝いていた。その結果（?）、一九五二年に結婚し、さらにその明らかな結果、二年後に私がオギャーと生まれたのだった。

　展示室に掲げられた写真パネルの中に目を疑う一枚があった。それは確かにお城なのだが、子どものころから親しんできたお城ではなかった。とりわけ驚いたのは、板に石垣の絵が描いてあったことだ。写真のそれはいったい何か、母にもわからなかった。

　得体の知れないものに出合うと、俄然張り切ってしまう。あまり日をおかずに浜松市立図書館を訪れ（閲覧室にいた中学生時代のM子のやっぱりキラキラ輝いていたセーラー服姿が浮かんでくるがそれはここでは関係ない）、郷土資料室で調べたところ、一九五〇年に開かれた浜松こども博覧会の時に建てられたものだった。市内の百貨店（というから今は亡き松菱百貨店）が建て、閉幕後に六万五千円で売りに出したが、買い手がつかなかったという代物だ。すでに第二巻『ハリボテの町』を書いていた私は、迷わずこれを「ベニヤ城」と名づけた。

　この博覧会から動物園が生まれたこともこの時に知った。なるほど、それでお城の中に動物園があったのかと合点が行き、まったく同じことが小田原城でも起ったと知り、またムクムクと好奇心が湧いて、「お城のなかの動物園」を追いかけた。ほかにも小諸城、高岡城、和歌山城、姫路城などに動物園はあり、かつては富山城や高知城にもあった。動物園を訪ねるこの旅は第十一巻『動物園巡礼』へと展開することになる。

忍者ごっこ

一九五〇年のベニヤ城はあまりにも貧弱であったため、もっと立派なお城が欲しいという声が上がるようになった。浜松城再建期成同盟会が結成され（いかにも戦後らしい命名だ）、募金活動が行われ、今度は鉄筋コンクリート造の天守が一九五八年に竣工した。その募金活動に使われたという貯金箱を角川書店の編集者高取利尚さんがお持ちだった。高取さんは同郷の先輩で、浜松の実家からわざわざ持ってきてくださった。それを有難く頂戴し、この本の表紙に使った。

この天守が元城小学校の運動場から毎日眺めたお城である。小学校入学が一九六〇年だから、お城はまだ「築二年！」、ボクたちワタシたちは新築ピカピカのお城を見ていたんだ。

そこはもちろん放課後の遊び場だった。「隠密剣士」（TBS、一九六二―六五放映）や「忍者部隊月光」（フジテレビ、一九六四―六六放映）というテレビ番組に感化された。テレビゲームなんてない時代だから、自らの身体を張って忍者にならなければならない。全部アナログだ。

普段着だけれど（当時の日本にTシャツはまだなかった！）、気分はもちろん忍者の衣装に身を包んでいる。その姿で、石垣をスルスルと上り、さらには屋根の上を駆け巡るような気分で、敵と闘う。どんなに高い場所からでも飛び降り、ふわりと着地することができる。背後から襲いかかる敵を、振り向きざま一刀両断にする。手裏剣が敵の身体にブスブスと刺さる。さすが忍者、石垣の上から無言のまま落ちてゆく。こんなことを書いていたら切りがないな。

当時は、天守と天守台の大きさが違っていることに何の疑問も持たなかった。むしろ、そのスペースはわれら忍者たちの戦《いくさ》の場にふさわしいものだった。天守台に応じた天守を建設できなかったのは建設資金不足のためだと知ったのはずっとあと、この本を書いたさらにあとだった。貯金箱の数が足りなかったのだ。

あとがきのタイトルは「お城とお城のようなものをめぐる旅を終えて」と長い。文庫版あとがきは、さらに輪をかけて長く、「この十二年間に『お城とお城のようなものの世界』で起った出来事について」となった。お城の再建がいつになっても終わらないからだ。

絵に描いた石垣

絵に描いた石垣は涙ぐましい。そうまでしてもお城がほしかった。浜松城は野面積みと呼ばれる荒々しい石垣で知られる。それとの連続性はあまり考えなかったようだ。石垣の上から顔を出しているのがわたしだ、と言いたくなるが、わたしはまだ生まれていない。それどころか、おとなになるまでこのお城の存在を知らなかった。

お城がほしい

木造ではいや、絵に描いた石垣もいや。もっと立派なお城がほしい。浜松一の繁華街にまずハリボテのお城が浮かんだ。浜松城の天守はとうの昔に失われており、空襲で焼かれたわけではなかったが、それを取り戻すことが戦後復興のシンボルとなった。鉄筋コンクリート造で建てることに何の躊躇もなかった。

どうしてもお城がほしい

ということで、「浜松城再建献金」と記された貯金箱が出回った。募金の甲斐あって、一九五八年に天守が竣工した。関係者の高揚感が、天守内に掲げられた一枚の銅板に凝縮されている。題して「濱松城再建記」、言葉を刻みつけたのは「濱松城再建期成同盟会」。その言葉はとても熱いが、近年では肝腎の銅板が売店の張り出してきたショーケースの後ろに隠れている。

浜松城再建

城内の元城小学校に通ったから、毎日お城を見て育った。お城は恰好の遊び場だった。左側の天守と天守台とがずれている場所は、われら忍者部隊の陣地にふさわしかった。石垣をよじ上って来る敵を見事に粉砕した。天守のこの寸詰まりが予算不足に由来すると知ったのはずっとあとのこと。つまりは、あの貯金箱が小さ過ぎたのだ。

江戸城

天守台しかないお城は全国各地にあるが、その代表が江戸城だ。明暦大火（一六五七）で焼け落ちると、再び建てられることはなかった。戦国の世の終わりを意味する元和偃武（一六一五）から半世紀も経たぬうちに、天守はもはや必要とされなくなった。将軍家に再建できなかったはずはない。天守の優先順位がぐんと下がったのだ。

高松城

高松城の天守台には玉藻廟と呼ばれる社があって、藩祖が祀られていた。お城は明治維新のあとにいったんは無用の長物とされ、荒れ果てたが、明治も後半になると史跡としての価値が生まれてくる。旧大名家に払い下げられたお城も多く、公園となり、殿様の顕彰が始まり、盛んに銅像が建てられた。

名古屋城

名古屋城の金鯱は一九四五年の憎っくき米軍による空襲で焼け落ちるまで天守を守っていた。いや、焼けたのだから守り切れなかったというべきか。金鯱は溶けてカレーライスのようになったという。その後、天守が再建され、レプリカの金鯱が再び屋上に輝いた。二〇〇五年の名古屋城博で一度地上に下ろされ、金鯱みがき隊によって洗われた。

松前城

第五巻のあとがきでは、「公園の片隅に設置された少し大きめの公衆便所、といっても通りそうだが、れっきとしたお城である」だなんて、ひどいことを書いた。そして、この城の「純度」について考えた。詳しくはそちらを読んでいただきたいのだが、結論はつぎのとおり。「ホンモノの『松前城』も、それが出現した時点ですでにニセモノっぽいのである」。

松本城のようなもの

お城がビルに挟まれている光景は許し難い。しかも、両側からぐいぐい締め付けているビルが殺風景で、おまけにわずか三階建て、四階建てだなんて。やっぱりお城は青空を背景に孤高の建物であってほしい。松本城を訪れるたびに、負けるなと声援を送りたくなる。

尼崎城のようなもの

もともと天守があった場所にはすでに別の文化施設が建っているので、今さらどいてというわけにはいかなかった。せっかく個人がぽんと私財を投じてくれたのだから、建てないわけにはいかない。それならば、電車からもよく見える場所に、よく見える角度に、よく見える大きさで建てようということになった。平成最後の城。

熱海城より上にあるもの

世が世なら、こんな掲示を出した担当者は打ち首である。なぜお城が最下位なのか。しかも、トイレの次だなんて。いったいどのような基準で、この順番は決まったのだろう。それが切迫順ならばこれでもよい。わたしの『わたしの城下町』は、こんなところからもお城について考える本だ。お城の本質に迫る私なりの兵法、城攻めである。

第六巻
股間若衆
——男の裸は芸術か

2012

赤羽のアダムとアダム

web版「木下直之を全ぶ集める」展（ギャラリーエークワッド、二〇一七年十二月七日―一八年二月六日）が開かれた時、片や『芸術新潮』、片や『薔薇族』、いずれもゲイに関係する雑誌の元編集長から、拙著『股間若衆』のはじまりとおしまいについての暖かいお言葉を賜り、とてもうれしかった。伊藤文學さんの見立てに反して私はゲイではないが、この歳になると、もはやホモでもヘテロでもどっちでもよくなる。

米谷一志さんははじまりについて語ってくれた。しかし、はじまりにはそのまたはじまりがある。それはJR京浜東北線赤羽駅に降り立った時だ。初めての駅ではかならず駅前をうろつき、「駅前彫刻」（定義は「駅前に存在するものの一切」）を探す。男ふたりが待っていることなんて、それまでになかった。しかも、全裸で、肩を寄せ合って。駅前ロータリーの繁みにたたずむふたりに、バスを避け、タクシーを除け、一直線に駆け寄ったっけ。そして驚いたのなんの。ふたり〈赤羽若衆〉は全裸なのか、そうではないのか、いくら股間に顔を寄せてもわからなかった。

曖昧模っ糊り

ここから「曖昧模っ糊り」というその年の流行語大賞にはまったくノミネートされずに終わった言葉が生まれたのだが、『芸術新潮』二〇一〇年五月号掲載にあたって、表記を「曖昧模糊」にしようか「曖昧モッコリ」にしようか、米谷さんとふたりで悩んだ。

逆に、何の迷いもなく、米谷さんの瞬時の判断・断定・独断で生まれたのが「切断型」だった。こちらは札幌駅前で発見した。すなわち〈札幌若衆〉。いくら何でも、そこまであからさまに言わなくたって。せめて「阿部定型」とか「愛のコリーダ型」とかほかに言い様はいくらもあったはずなのに、と思ったものの言い出せなかった。

明治の昔（二十世紀を迎えたころ）、日本人彫刻家が男性裸体像をつくろうとした時から、股間の突起物は問題だった。朝倉文夫のように、それこそ警察から「切断」を命じられた彫刻家もいた。

当時の正しいと信じられた解決策は、股間を葉っぱで覆い隠すことだ。本家本元の西欧美術では、長い間、繰り返しその姿を表現してきた。葉っぱがとても小さかったり、風が吹いても絶対に落ちなかったりと、物理的にはどう考えてもおかしいのだが、『旧約聖書』アダムとイブの物語に従えば、それはまったく不自然ではない。理に適っている。

ただし、聖書をよく読めば、ふたりは複数の葉っぱを編んで股間を隠し、楽園を追われたのであって、たった一枚の葉っぱで隠したわけではない。しかし、美術の世界ではそれが約束事として受け継がれ、日本にも及んだのだった。

東京国立近代美術館で白井雨山の「箭《や》調べ」という彫刻の石膏像をわざわざ撮影させてもらい、それを『芸術新潮』に見開きで大きく載せた。美術館からはふだん展示しているブロンズ像を撮影するのではだめなのかと問われ、いや石膏像でなければだめと無理を通した。石膏像の方がより作者の手が感じられ、したがって、彫刻家が何を考えながら葉っぱを取り付けたかが伝わってくるに違いない。

どう考えたって葉っぱは小さ過ぎると思うのだが、これで隠せると思ったのだろうか。まさか？ そうではなく、雨山は判断を停止し、単に約束事に従って手を動かしただけなのだ。脇から眺めると、よくわかる。葉っぱの下には隠すべきものが何もない。

炎天下、井の頭自然文化園に併設された彫刻園を歩いていて、北村西望の一群の男性裸体像はあまりの暑さに股間もとろけたのかと思った。しかし、秋になっても、冬になっても変わらないから、彫刻家自らが溶かしたのだとわかった。これが苦心の作ならぬ策、新たな解決策だった。これなら誰からも文句を言われない。あの名高いロダンの「考える人」も、鍛えられた両脚の間を覗き込むと股間は見事にとろけている。

それにしても、動物園の中に彫刻園があることは意味深い。人間は「裸のサル」といわれる。体毛を失ったがゆえに衣服をまとい、それ故に羞恥心が生まれ（それとも羞恥心故に衣服を着たのか）、そうこうするうちに芸術なんてものを発明し、やがて「裸のサル」の裸体と取り組むことになる彫刻家は股間表現に苦心せざるを得なくなったからだ。

友

ところで、伊藤文學さんがなぜ『股間若衆』の「おしまい」を語ってくれたことになるのか。この本を書き上げる寸前、東京の「都の西北」にある某大学図書館を訪ね、『アドニス』（一九五二創刊）と『薔薇族』（一九七一創刊）のバックナンバーを閲覧した。それらは文學さんから寄贈されたものだった。ギラギラ輝く背表紙が静かな閲覧室で異彩を放った。最後の最後に、股間若衆を眺めるゲイのひとびとの眼差しが視野に入ってきたのだ。

『アドニス』第四十号（一九五八）には朝倉文夫の「友」の図版が掲載されていた。「友」に会おうと思ったら、関西大学吹田キャンパスを訪ねればよい。図書館前の繁みの中で、全裸の男ふたりが両腕をなんとも複雑にからませている。『アドニス』も『薔薇族』も、読者が匿名で思いを寄せる読者欄がとりわけ大切な頁だった。読者にとってはまさしく「友」を探し求めることが切実な思いであり、吹田のふたりはその憧れの姿を示していた。

藤沢の鵠沼《くげぬま》海岸に立つ巨大な男性裸体像「平和の像」の後日談も記しておこう。戦死者の慰霊碑が裸体像で表現されたことへの関心から、この〈江ノ島若衆〉を紹介したのだが、あとからここがゲイの「ハッテン場」であることがわかった。実際、現地を再び訪れたところ、〈江ノ島若衆〉を扇の要の位置にするように、等間隔に、股間だけをわずかな布で隠したほぼ全裸の男たちが横たわり、太陽の光を浴びていた。

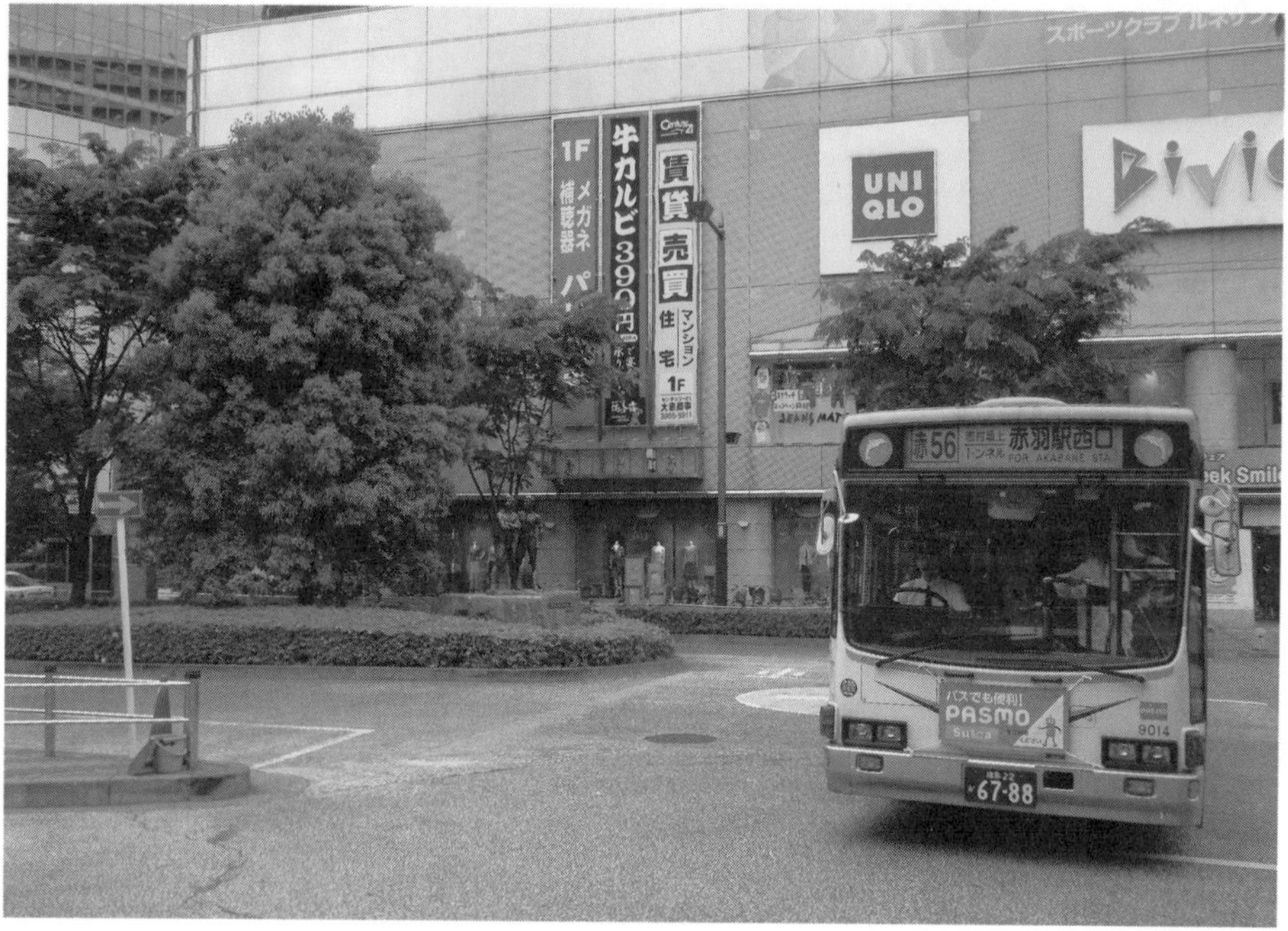

赤羽若衆

駅前広場の真ん中に、「股間若衆国」への入国管理官が立っている。ふたりは肩を組んでいるけれど、さぼっているわけではない。仲がいいだけだ。審査は簡単。すでにふたりは股間を見せているから、それを拝んで、「あれっ、どうなってるの？」と首をかしげたら合格、パスポートに入国許可のスタンプが押される。何とも思わなかったら、今来た道を戻らねばならない。

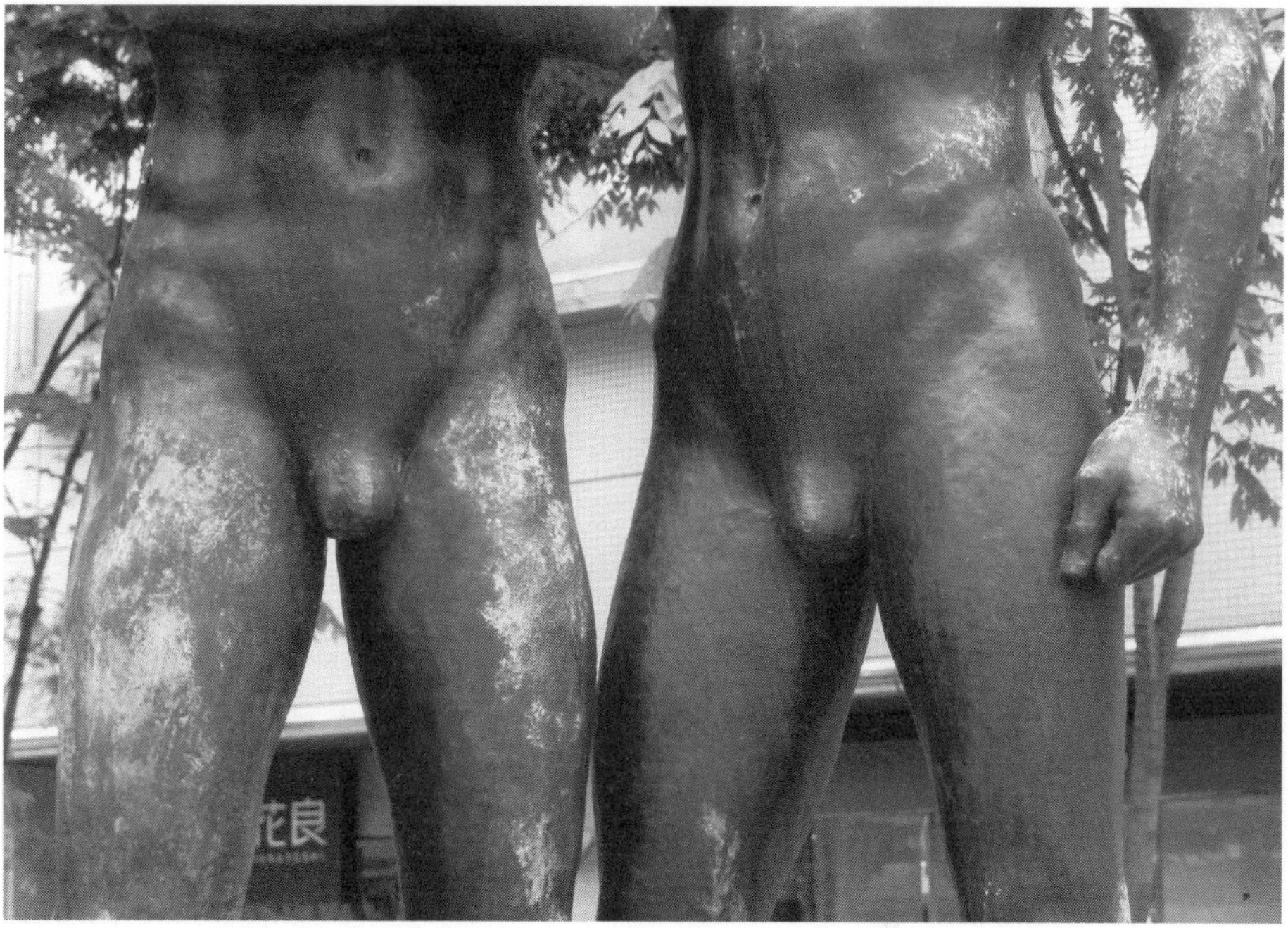

曖昧模っ糊り

股間を局部と呼び替えることは言葉のモザイクだ。呼び替えたとたんに曖昧になる。この曖昧にかたちを与えると、こうなる。世間をはばかり、曖昧に、曖昧に表現してきた百年を超える歴史の局地、いや極地。いくら目を凝らしても、裸か裸でないのかわからない。いや話は逆で、芸術的水準に達している。芸術であろうとしたからこんな進化を遂げることができた。

皇居若衆

お濠端を巡って半蔵門が望めるあたりまで歩くと、三人の全裸男が出迎えてくれる。思い思いのポーズで、あたかもパントマイムを演じているかのようだ。皇居に一番近い裸体像だ。もし三人が生身の人間であったなら、半蔵門から皇宮警察がすぐに駆けつけ、お縄となっただろう。芸術作品だから許された。

自由の群像

三人は「自由の群像」という名で、一九五五年に出現した。敗戦からちょうど十年。裸体とは、まずは押しつけの軍服や国民服を脱ぎ捨てた姿である。それで「自由」を得たことを表現した。同時に、ひとりひとりは名を持たぬ「群像」であることが大切だ。偉人ではなく人間の表現。

江ノ島若衆

江ノ島を背景に陽光をいっぱいに浴びて立つ股間若衆の巨人。戦争で死んだ若者たちの追悼のために建てられた。あっぱれなほど股間には何もない。見事な曖昧模っ糊り。ところがここはゲイのハッテン場でもあり、股間若衆を要に、扇を開いたかのように全裸同然の男たちが点々と横たわり、身体を焼いている。逆に、彼らの股間はハッキリモッコリ。

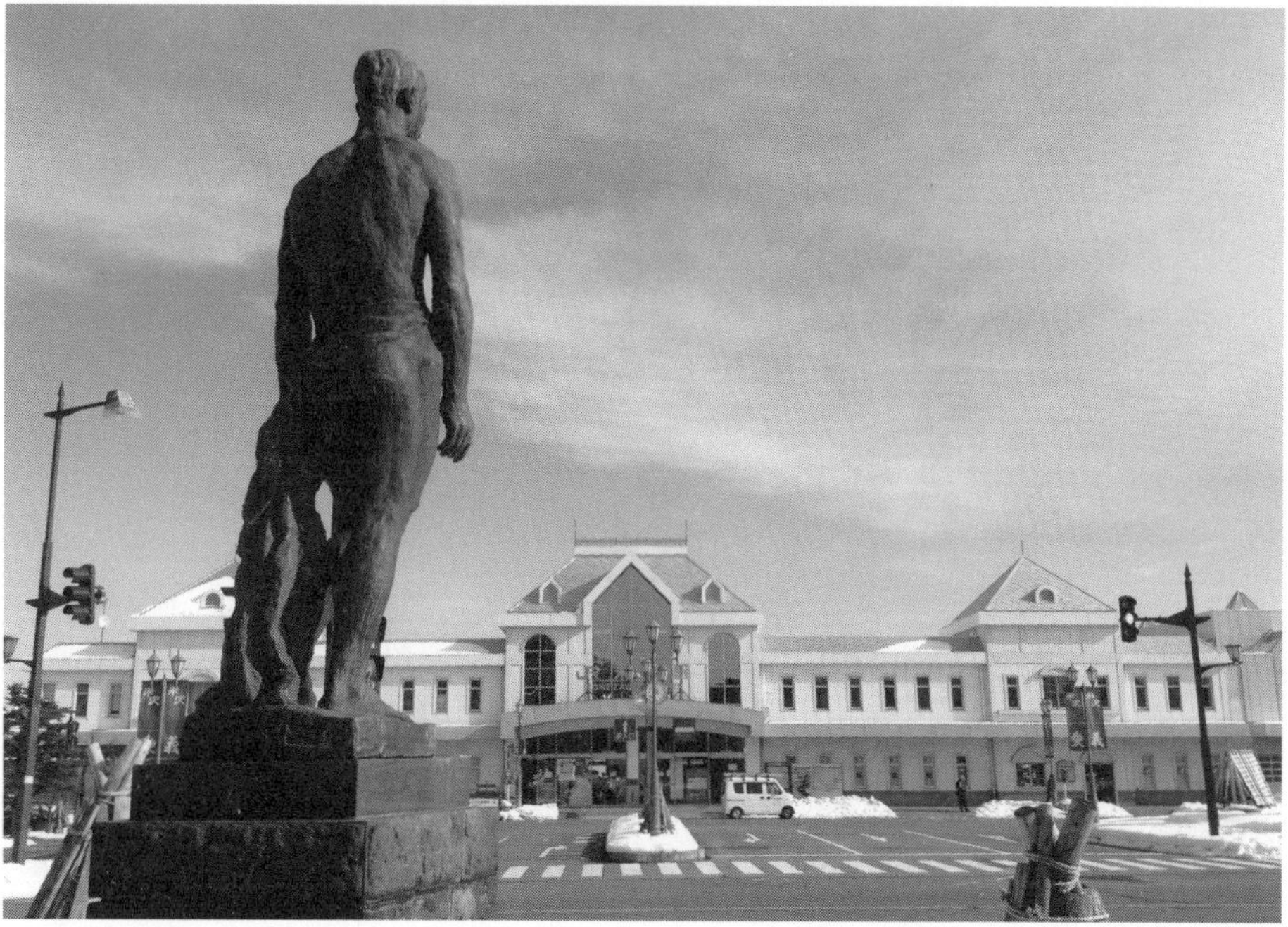

米沢若衆

米沢駅に降り立った瞬間に目が合った。寒風に吹かれながら、半裸で、ずっと待っていてくれたんだと、残り雪に足をとられながら駆け寄った。米沢若衆も、広場の真ん中あたりまで駆けて来たような気がしたが、冷静になれば一ミリも動いていない。こんなふうに、各地の駅前で、冷静さを失う出合いを重ねてきた。

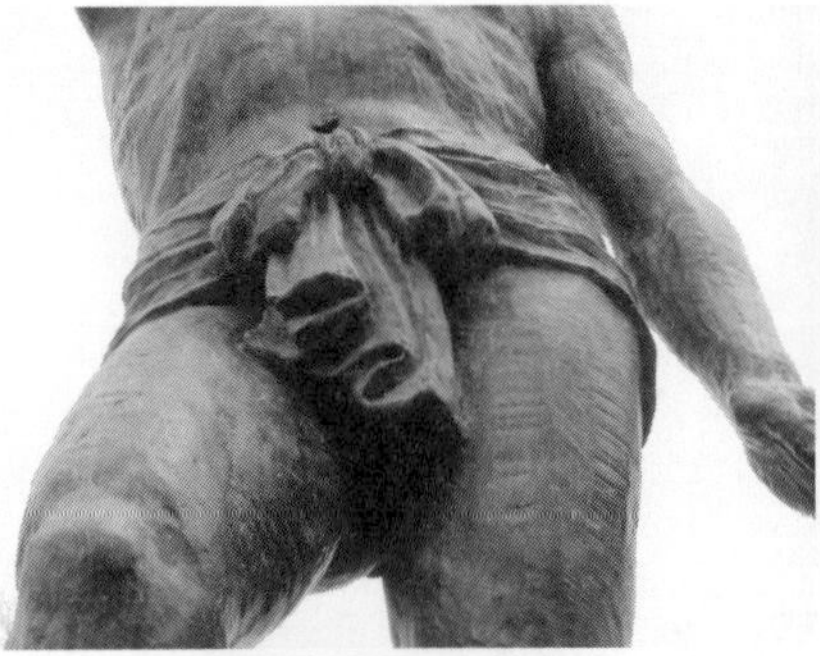

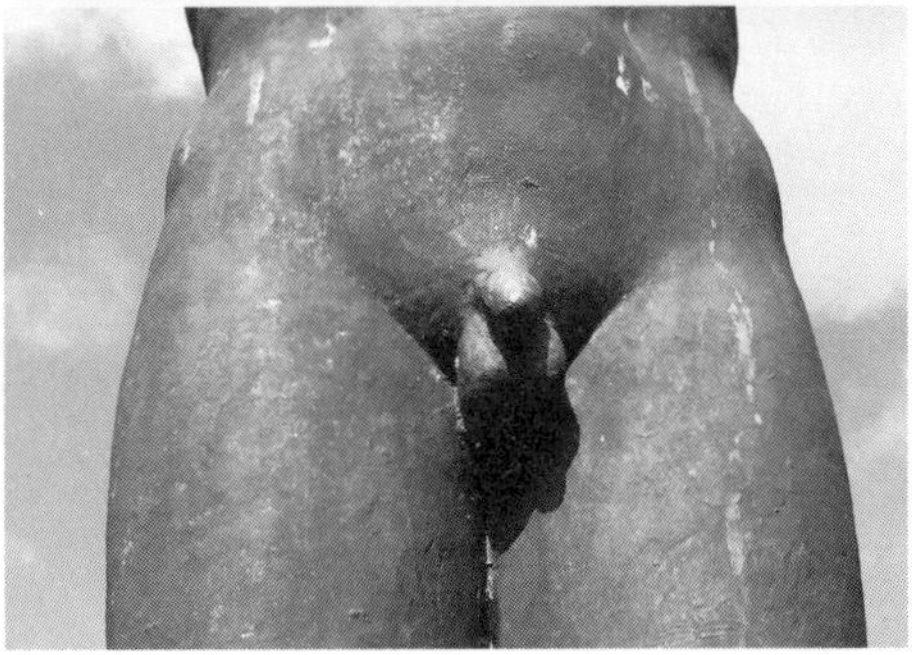

股間いろいろ

人生いろいろ股間もいろいろ、というほどには他人の股間を見てはいないが、股間若衆の股間はいろいろと見てきた。生身の股間若衆が往来に立てば即逮捕、即懲戒免職だが、つくりものの股間若衆は、露骨を避ける宿命として、結局は股間表現の粋を競うことになる。そこから股間多様性が生まれる。

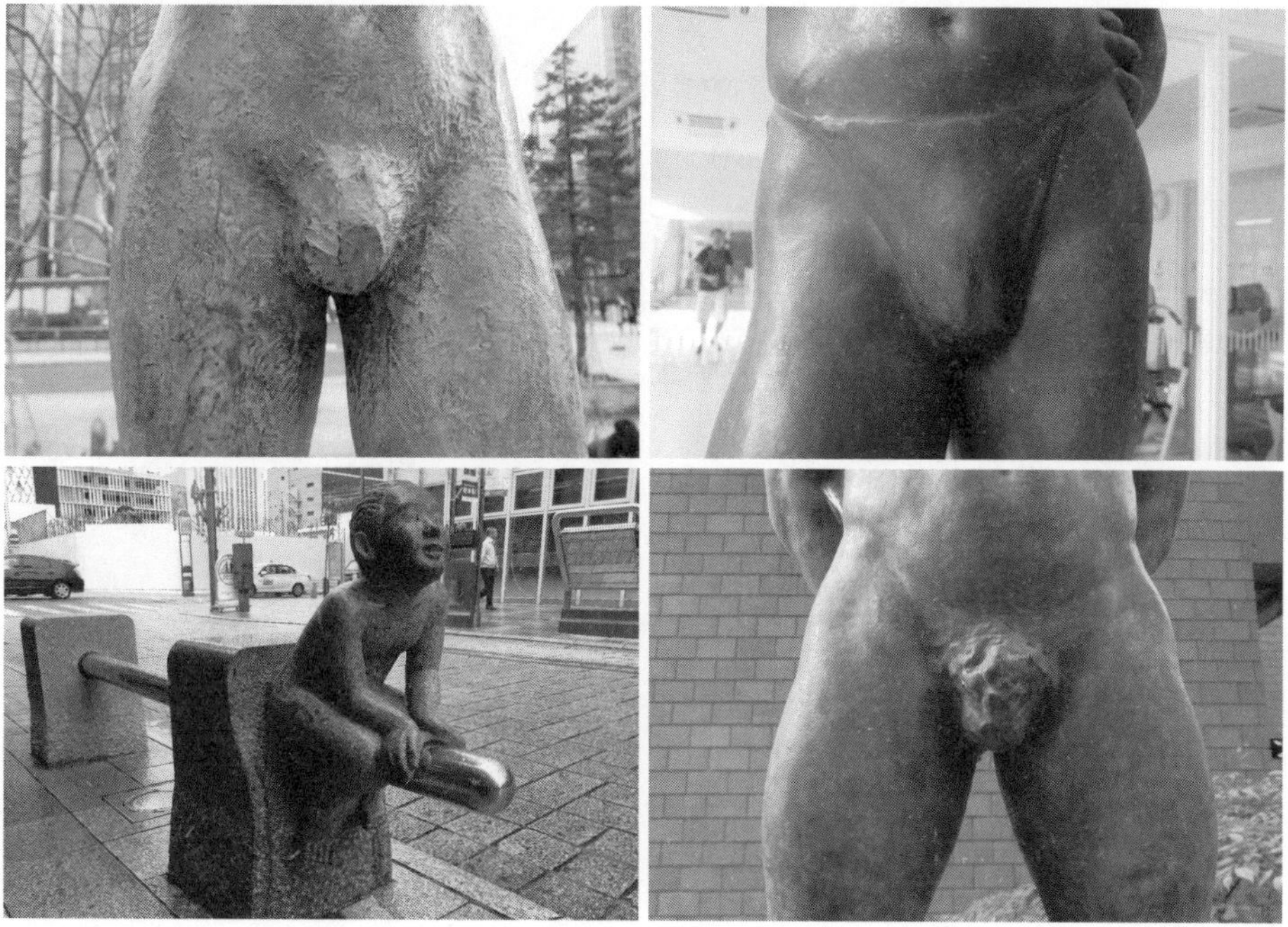

股間いろいろ

縁は異なもの、味なもの。こうして股間を見ているだけで、それぞれの出合いがよみがえってくる。顔が浮かび、仕草が浮かび、風景が浮かび、こちらから掛けた言葉も思い出される。すべては偶然の賜物だった。つぎにどこでどんな若衆と出合うのか、まるでわからないままにきょうも町を歩く。

倫敦若衆――アキレウス

見上げた股間は見事なイチヂクの葉で覆われているが、像がロンドンハイドパークに建てられた当初はむき出しだった。世はビクトリア朝、目のやり場に困るという声が上がったのだろう。葉っぱで隠して今日に至る。若衆の名はアキレウス、アキレス腱が唯一の弱点だったのに、もう一箇所、股間が加わった。

倫敦若衆——ダヴィデ

手にした剣の真意は機関銃である。旧約聖書『サムエル記』に「ダヴィデは万を撃ち殺した」とあるから、機関銃部隊の戦死者慰霊碑にダヴィデを引っ張り出したことは適切だ。ロンドンにいるもうひとりのダヴィデはかの有名なミケランジェロのダヴィデ像のコピー、ビクトリア女王がその前に立った時、股間はやっぱり葉っぱで隠された。

股間若衆降臨——ルシウス

ちょうど窓の下が三四郎池だ。古代ローマから現代日本を訪れたルシウス・モデストゥス（ご存じヤマザキマリ『テルマエ・ロマエ』の主人公）は露天風呂と間違えて池に浮かび上がり、あわてて窓から入ってきたと思われる。朝、研究室に入ったら、澄ました顔で（?）立っていた。以来居座って今日に至る。東京大学本郷キャンパス。

第七巻

戦争という見世物

——日清戦争祝捷大会潜入記

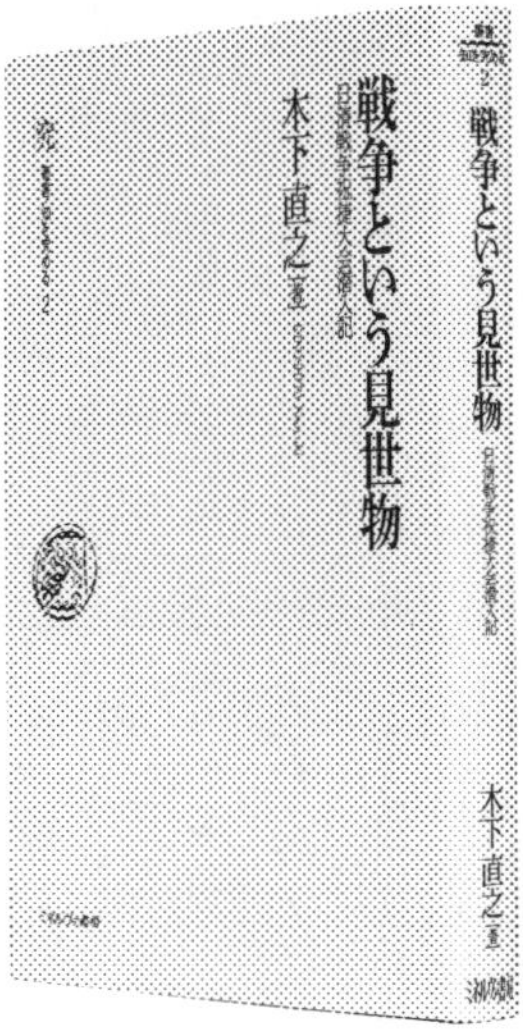

2013

目を閉じれば江戸の八百八町を隅々まで歩くことができると、シバレンこと柴田錬三郎が書いていたように思う。あるいはまた、ある高名なフランス文学者はパリを一度も訪れたことがないのに路地という路地を知り尽くしており、どこを曲がればどこに出るのか、たちどころにわかったという。

明治の東京へ

私もそういう人になりたいと思った。そう思って、明治二十七年（一八九四）の冬を迎えたばかりの東京へ出かけることにしたのだが、向こうへ着いたとたんに、判断が甘かったことを思い知らされた。その日の新聞を買おうにも、どこで売っているのかさえわからなかった。

それでもすぐに『東京案内　一名遊歩の友』というガイドブックを買った。明治二十七年四月十七日の発行だから、半年ほど前に出たばかりの最新版だ。しかし、入手した時点でこの本からは地図が切り取られていたため、あまり役には立たなかった。地図は、馬喰町を中心とした珍しい東京図だ。木村荘八『東京風俗帖』（ちくま学芸文庫）がその一部分を紹介している。荘八は「この図の中で育って完全に少年期を過した」という。

なぜ馬喰町が中心なのか。それは地方から出てくる人を泊める宿屋が多かったからで、旧幕時代からすでにそうだった。公事宿《くじやど》といい、江戸に訴訟のためにやって来て長期間滞在するための宿屋が多いことは高橋敏『江戸の訴訟』（岩波新書）に教えられた。敏さんのような人にもなりたいと思ったが、もちろん足元にも及ばない。

さて『東京案内　一名遊歩の友』は、地図のみならず、馬喰町を出発して反時計回りに東京を案内し再び馬喰町へと戻ってくる。私も馬喰町に宿を取った。そして、荘八の生家「いろは」の座敷に上がって牛鍋で一杯やった。窓ガラスの五色の市松模様がガス灯に照らされてキラキラと輝いていた。

地図といえば、明治十年代の出版ではあったが、陸軍陸地測量部が作成した『五千分一東京測量全図』の方がはるかに役に立つ。もっとも、この十年の間に、東京は目覚ましく変わった。明治二十年代に入ると、帝国憲法が発布され、帝国議会が設けられ、宮殿が竣工した宮城を中心に、東京は帝国の首都にふさわしい体裁を整えつつあった。そして、何といっても、夏に始まった清国相手の戦争が連戦連勝を重ねて、みんな意気軒昂だった。

いざ上野公園へ

今回の東京訪問の目的は、十二月九日に開かれた東京市祝捷大会に参加することだ。朝七時半、日比谷公園に集合、宮城前で万歳三唱をしたあと、丸の内、日本橋、神田、万世橋、上野広小路と歩いて、上野公園にたどりついたのは十時近くになっていた。日暮れからは不忍池に浮かべた清国海軍の軍艦を焼討ちするメインイベントが予定されているから、それまでたっぷりと時間がある。明治の日本人が何を考え、どんな行動をとるのかを知るいい機会だった。この日、上野公園で何があったのか、それは本書を篤とご覧あれ。

わざわざ現代から明治二十七年の上野公園へと出かけてゆく気になったのには、主に三つの理由がある。

1　日清戦争への関心

2　つくりものへの関心

3　上野公園への関心

日清戦争は明治国家にとって最初の本格的な対外戦争だった。十年後に日露戦争が起り、どちらも勝利に終わったために、日本人が勘違いし思い上がったという一面は否定できない。中国や朝鮮に対する蔑視に弾みがついた。司馬遼太郎『坂の上の雲』のように、明るく前向きにとらえる見方がある一方で、私は「暗い明治」にも目を向けたいと考えるようになった。

まだ兵庫県立近代美術館の学芸員だったころ、神奈川県立近代美術館との共同企画展「描かれた歴史」（一九九三）で、明治の戦争美術を担当した。日清戦争に焦点を絞り、これでもかこれでもかと錦絵や油絵や雑誌を展示したところ、ある来館者から「こんな暗い絵は見たくなかった」と叱られたほどだ。しかし、戦争を外して明治の美術は語れないという確信は揺らがなかった。

自分でもせっせと日清戦争関係の資料を漁り出した。『日清戦争実記』や『戦国写真画報』などの雑誌も集めた。そして、まだ戦争がどう終わるかわからないうちに、東京市祝捷大会が上野公園を会場に盛大に開かれたことを知った。運よく、主催者の公式報告書や写真集を手に入れることができた。

会場のいたるところに「つくりもの」があった。ハリボテの城門、清国皇帝に見立てたハリボテの龍、ハリボテの清国兵の切首、ハリボテの軍艦。会場に向かう目抜き通りでも、沿道の商店は商品を使った「つくりもの」を飾り、お祭り気分を盛り上げた。江戸時代の祭りや見世物に欠かせなかった「つくりもの」の世界がまだ生きていた。

上野公園が会場になったことにも大きな意味がある。上野のお山は寛永寺だった。それが官軍vs彰義隊のたった一日だけの戦で焼けて、焼け跡はその後公園になり、博覧会が開かれ、博物館や動物園が登場した。ほぼ四半世紀で、上野公園はすっかり性格を変えてしまった。

日清戦争の結果、台湾が日本の領土となるが、これに対する抵抗は激しく、多くの死者を出した。日本軍の戦死病没者の慰霊碑が不忍池畔に建つのは明治二十九年(一八九六)春、松を植えて、さらに台湾新竹から運んだ竹を植えて、碑には「栽松碑」と刻んだ。常緑である松(すなわち常磐の松)は戦死病没者の軍功を永遠に讃えるにふさわしい、という言葉が添えられた。

今は上野動物園の敷地となり、アイアイの住む森に渡る橋のたもとにあるこの「栽松碑」の前から、明治二十七年冬の東京への旅は始まる。

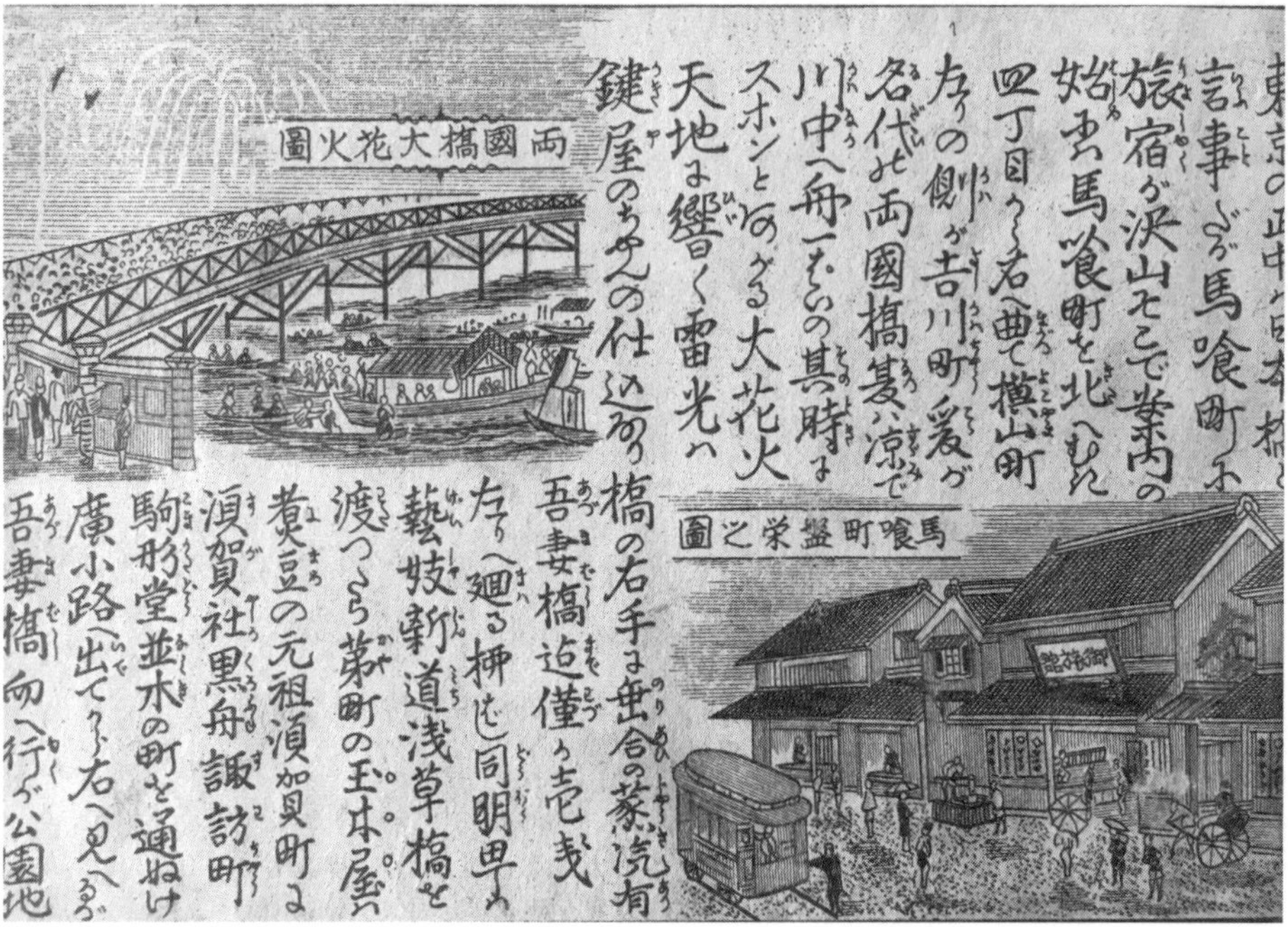

馬喰町の宿

一八九四年冬の東京に着いて真っ先にこのガイドブックを買った。「東京の正中は日本橋と言事だが、馬喰町に旅宿が沢山」ということで、わたしも迷わず馬喰町に宿を取った。安宿だからとても寒かった。祝捷大会は十二月九日朝七時半に日比谷公園集合、早起きをして夜が明けたばかりの町を日本橋に向かって歩き、それから銀座に出た。堀割をいくつも渡った。

万歳三唱

日比谷公園といってもまだ公園の体を成していない。およそ四万人が集まった。たくさんの旗や幟が翻っている。鬨の声を上げていざ出発、群集は外務省の前を抜けて、桜田門から宮城前広場へなだれ込んだ。六年前に宮殿が完成してからは広場の整備も進み、帝国憲法発布や大婚二十五年記念など国家的祝賀行事のつど、ひとびとが集まり万歳三唱をする場所となった。

玄武門

日清戦争での平壌陥落、それは三ヶ月前のことだが、この勝利を祝って、激戦地だった玄武門が黒門跡にハリボテで建てられた。玄武門は、一番乗りをした一兵卒原田重吉の名とともに広く知れわたっていた。誰もが原田になった気分で、祝捷大会の会場である上野公園へと入ってゆく。門の左手を、自由新聞社の切首提灯が押し立てられ進んでいる。

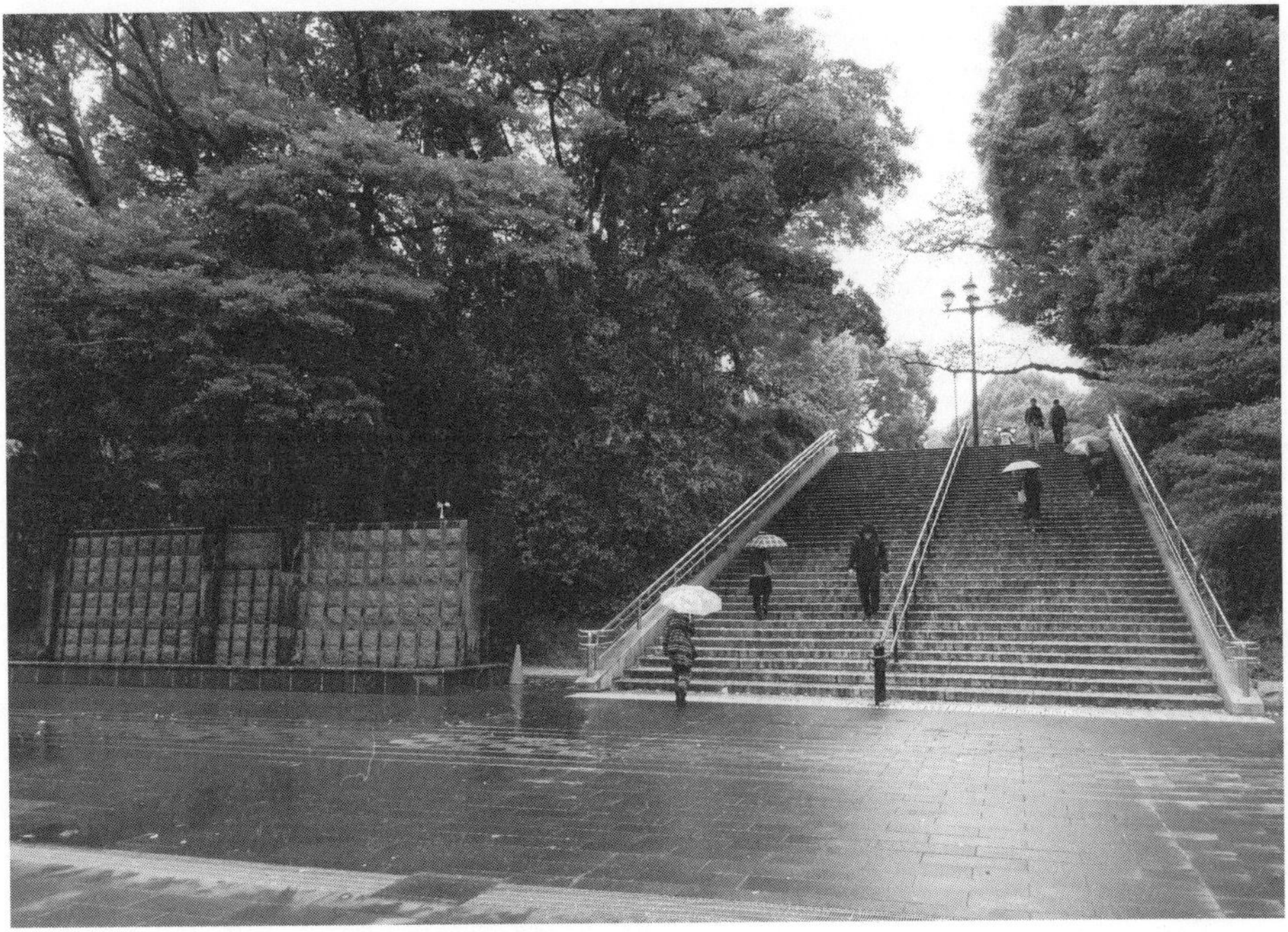

黒門

黒門は東叡山寛永寺の総門だった。黒門が南千住の円通寺に移築されたあとも、この場所は上野戦争の記憶を伝える公園の入口であり続けた。慶応四年（一八六八）のたった一日の戦争で大伽藍は焼失、清水観音堂と五重塔がかろうじて焼け残った。今は黒門になぞらえたモニュメントが建っている。

川上音二郎一座

市村座で「日清戦争戦地見聞日記」を公演中だった川上音二郎一座が博物館の前庭で野外劇を演じた。これを皇太子が博物館の二階バルコニーから観劇した。どうやら皇太子の希望で、急遽上演が決まったらしい。椅子から何度も腰を浮かせて、眼下の戦争劇を楽しんだ。皇太子は観劇を優先し、不忍池畔で十時から始まっていた式典には遅れて参列した。

分捕品

戦利品、当時の表現では分捕品、これが人類の歴史の中で長く戦争の目的であり、大切な成果だった。その最大のものが領土である。それに比べれば、ここに並んだ清国軍の旗などたいした成果ではないが、軍旗を奪われることは最大の屈辱だったから、逆に、この光景は国民の戦勝気分を大いに高めた。分捕品は靖國神社から借り出された。

定遠

メインイベントが不忍池で繰り広げられた海戦だった。池に清国がドイツで建造した最新鋭の軍艦定遠を浮かべ、日が暮れてから焼討ちした。定遠に太刀打ちできる軍艦を、日本海軍はまだ有していない。十二月九日現在、定遠は健在、日本にとって差し迫る脅威だった。それを模型でよいからいち早く沈めて、喝采を挙げようという催しだった。

不忍池海戦

不忍池畔は模擬海戦を見る群集であふれかえった。VIP用の見物席は馬見所と呼ばれた建物で、その名のとおり競馬のスタンドだった。不忍池を周回する競馬がその少し前まで行われていた。今はそこに上野動物園のカフェテラスがある。コーヒーを飲みながらぼんやりしていると、ふっと東京市祝捷大会に移動できる。今回の旅もここから始まった。

栽松碑

「栽松碑」と刻まれた石にはそれが何かという説明がない。不忍池畔のこの場所が上野動物園になる前から碑はあったから、動物園は関知しない。それなら碑文を読むしかない。日清戦争につづく台湾での戦死病没者を慰霊するために一八九六年に建立された。彼らの「烈操」を千年後にまで伝えようと枯れることのない常磐の松が植えられた。その松さえも今はない。

鎮遠の錨

かつては松のみならず、台湾の新竹から取り寄せた竹も植わっており、さらには、定遠と同型艦鎮遠から奪った巨大な錨もふたつ置かれていた。鎮遠は捕獲され、長崎を経て横須賀に回航された。日本海軍に編入するために行われた改修のどこかで錨が外されたのだろう。同じ錨か別の錨か定かでないが、岡山の宗教団体福田海《ふくでんかい》本部にも鎮遠の錨が保存されている。

上野公園

東京市祝捷大会が開かれたころには、東京文化会館のあたりにパノラマ館があり、巨大な戦争画を見せて人気を博した。目と鼻の先には彰義隊の墓もあり、墓に尻を向けてやがて出現する西郷隆盛の銅像もまた、どれほどのんびりした姿に見えても、官軍を率いて攻め立てたからこそこの地に建てられた。上野公園は戦争の記憶を色濃く残す場所だった。

第八巻
銅像時代
——もうひとつの日本彫刻史

2014

多くの人がそうであるように、私にとっても、銅像は長らく関心の外にあった。視野に入って来ない。いや視野の片隅にはあったのかもしれないが、見えていなかった。そもそも銅像とはそのようなものかもしれない。除幕式で一斉に注目を浴びると、あとは忘れられてゆく日々が待っている。

それよりも先に気になったものは、駅前広場に置かれた抽象彫刻だ。そのきっかけは生家の目の前に出現した「伸びゆく浜松」というモニュメントで、それが第二巻『ハリボテの町』を書かせることになった。

銅像の世界へ

銅像を意識するようになったのはずっと遅く、一九九八年秋に、東京大学総合研究博物館で開催した「博士の肖像」展を企画したことによる。その前年に、十六年半にわたって勤めた兵庫県立近代美術館をやめて博物館に移ったばかり、博物館でのはじめての仕事だった。「東京大学コレクション」というシリーズの第八弾だった。

これはすでにあちこちで書いたことだが、学芸員として経験を積むうちに、美術館は美術作品しか扱わないから窮屈だと思うようになっていた。その点、博物館は美術作品も扱うが、美術作品以外の人が手を下したありとあらゆる製品、人工物、人造物を扱うから間口が広い。自然史博物館や科学博物館はさらに広く、自然物、天造物、森羅万象を相手にする。

だから美術作品は小さな存在だというつもりはない。美術館学芸員は「作品」という言葉を後生大事にし、博物館学芸員はそれも含めて「資料」と呼んで、ある意味、冷たく突き放す。この違いは大きく、ゆえに両者の学芸員の間でしばしば会話が成り立たない。そのことが気になって仕方がなかったのだ。「作品」から離れる、いったんこの言葉を捨てることが肝腎だと思い、それに代わるものとして「つくりもの」に注目した。

銅像は美術作品だろうか

銅像は俗称であり、正しくは金属製の肖像彫刻と呼ぶべきだが、銅像という言葉には、それを口にしたとたんに周囲の風景まで浮かんでくるような強い喚起力がある。同時に、芸術性に欠けた俗な存在といった、少し見下したようなニュアンスがある。銅像そのものよりも、銅像になった人物のそのあり様を、本人がそれを望んだか否かを問わず、笑うようなところもある。

これを誇張したものがクレージーキャッツのコントだった。台座から上半身だけを出したハナ肇は、メンバーから水をかけられてもパイを投げられても、手も足も出なかった。

銅像はつぎのようなプロセスで出現する。何よりもまず、銅像とはある人物の身代わりである。したがって、当人の不在がその製作の大きな動機となる。いうまでもなく、死が究極の不在だが、大学の場合は退職という不在もある。これらの不在を埋めるかのように、あとに残された人たちが当人ゆかりの場所に身代わりを置いて、いつまでも忘れまいとする。

同時に、当人が顕彰に価する人物であることが求められる。もちろん、自分で自分を「顕彰に価する」と判断する人もいるだろう。ついでに銅像建設まで自分で決断する輩もいるが、それはしばしば俗物として冷笑の対象になる。

さて、周囲の誰かが建設を言い出す。発起人が決まる。建設資金を集める。彫刻家に製作を依頼する。当人（これを像主という）が生きていれば、モデルになる（仕上がった肖像を寿像という）。すでにあの世に旅立っていれば、写真や記憶を参考にする（こちらは遺像という）。写真嫌いの西郷隆盛には参照すべき写真がなかったし、もっと古い時代の人物は写真がなく、想像でつくりだすほかなかった。

これが銅像出現のプロセスであり、銅像というものの全体像である。本人に似ているかがまずは求められ、芸術性は二の次になる。だから、それを彫刻家の「作品」ととらえることは、銅像のほんの一面に光を当てたにすぎない。

晴れて完成すると除幕式を迎える。それまでに台座も用意しなければならない。台座についての研究は乏しく、本書に寄せた「台座考」は、建築家を視野に入れることで、銅像研究にいくらかは寄与できたように思う。

転々とする銅像

銅像の「人生」にとって、つぎの大きな転機はそれが誰なのかが忘れられた時だ。そんな馬鹿な、と思うかもしれないが、間違いなく起る。名前だけはかろうじて伝わったとしても、どのような人なのかがわからなくなる。なぜなら、その人を知っていた人たちもまたその場を去り、さらにこの世を去るからだ。

すると、銅像は邪魔になる。邪魔にならないところ、ならないところへと移される。

大学の構内では、廊下の隅だとか階段の踊り場とかがまるで吹きだまりのようになっていた。

銅像は重くて動かないと思ったら、大間違いだ。いとも簡単に移動する。騎馬像でさえも動く。乗っている馬が自分で動いてくれれば助かるのだが、もちろんそんなわけにはいかない。したがって、そこにはとても大きな力が働く。

動かさずに、その場で破壊してしまう力だって働く。戦争や革命の直後に、それは起りやすい。

本書「ある騎馬像の孤独」では、最初は国会議事堂前の陸軍省にあった陸軍大将山県有朋像が、敗戦後に国会前を追われ、上野公園の東京都美術館裏、作者北村西望のアトリエが保存されている井の頭自然文化園、そして山県の故郷萩の中央公園へと転居を重ねる一部始終を追跡した。われながら、そうとうシツコイ。

十和田湖畔

記念写真という言葉ほど、血と肉になっているものはない。ある場所を訪れると反射的に身体が動き、カメラを前に「はい、チーズ」という合い言葉でみんなが動きを止め、息を止める。この一連の行動はすみやかに流れ、誰も不思議に思わない。彫刻家の意図に反して、銅像は撮影スポットの背景と化している。

皇居前広場

楠木正成像と西郷隆盛像がこの地を争い、西郷が負けて上野に追われた。楠木は十四世紀の人、西郷は十九世紀の人、片や後醍醐天皇の忠臣、片や明治天皇に弓を引いた逆臣、片や甲冑に身を固めて馬上にあり、片やつんつるてんの着流し姿、草履を履いて犬を連れてとどこまでも好対照である。

普段着の西郷さん

しかし、皇居前広場の楠木像よりも上野公園の西郷像の方が、「西郷さん」とさん付けで呼ばれて愛されてきただろう。楠木像は「楠公さん」とは呼ばれず、そう呼んだらそれは神戸駅前の湊川神社を指す。銅像とは個人の顕彰のために建てるのだから、その人の社会的地位にふさわしい服装で表現される。ゆえに、普段着の西郷さんはユニークだ。

晴れ着の西郷さん

だからこそ、せめて年に一度は晴れ着を着せてあげたいと考える人がいてもおかしくはない。と考えたところで、普通は実行に移さないものだが、西郷南洲会は違っていた。毎年四月に、本当に紋付袴を着せてあげる。うまい具合に、足場に上がれば間近に西郷さんを見ることができる。噂どおり、西郷さんの草履は踵のない足半《あしなか》だった。

靖國神社

東京では最古の銅像。日本橋の人形師鼠屋伝吉が浅草奥山の見世物「石像楽圃」で見せた屋外彫刻の未来の二十年後の実現。靖國神社参道にこれが出現するためには、彫刻家大熊氏廣がイタリアで修業を積む必要があった。台座に見える円筒には大村益次郎を讃える言葉が記され、碑と銅像が合体している。八月十五日に撮影。

萩市中央公園

騎馬像はかならずしもヨーロッパから直輸入されたわけではない。日本の軍人は自らを武士になぞらえたから、銅像となる時にも武士の最も格の高い肖像表現を求めた。それが甲冑姿の騎馬像だった。いやさすがに陸軍大将山県有朋は甲冑を着てはいないが、気分は同じだっただろう。戦後は都を追われ故郷の萩に戻った。

下田人魚橋

伊豆にはヌードがよく似合う。沼津から船で西伊豆の戸田港に入った時に、ヌード像に迎えられてそう思った。海女に通じるからか。南伊豆になればさらに陽光は強まり、下田の人魚たちはまぶしく輝く。人魚なのになぜかお尻の割れ目がある。ここから人魚のフンが出るのかな。

谷津バラ園

戦後すぐ一九五〇年に上野駅前に登場した東京最初の女性ヌード彫刻「汀《みぎわ》のヴィーナス」を移設先の谷津バラ園（かつての谷津遊園）にまで京成電鉄に乗って追いかけて行ったが、影も形もなかった。代わりに、同時代のセメント彫刻があった。作者本郷新にとってよほど思い入れがあったようで、著書『彫刻』（岩波写真文庫）に詳しくその制作過程を紹介している。

佐倉駅前通り

「彫刻のある町づくり」とは何だったのだろう。ＪＲ佐倉駅から佐倉城址に向かう一本道は、両側に数多くの彫刻が置かれているというのに、いつ歩いても寒々としている。この日は本当に寒くて、親子連れも背中を丸めて駅への道を急いでいた。女はふだんよりもいっそう身を縮めているようだった。皮肉にも、女の名前は「暖流」。

横浜伊勢佐木町

もう十年以上も、上半身裸のままのこの女を見守ってきた。これからシャツを着るのか、これからジーンズを脱ぐのか、それとも首を傾げてこれで終わり？　じらすこと十年。対照的に背後の店はつぎつぎと変わり、台座はベンチになったりベッドになったり花壇になったりと変化に富む。いや座らせない、寝かせないために、今は花壇にしたのだろう。

片隅アート

誰ともわからぬ裸の女性像や男性像が登場した時点で、銅像時代は終わったといえるかもしれない。戦後一世を風靡したヌード彫刻の時代が去ると、今度は抽象彫刻が台頭した。そしてそれらもまた町の片隅で忘れられてゆく。その跡を、もっと柔らかいもの、地方自治体のゆるキャラや漫画・アニメのキャラクターが襲うことになる。こちらも横浜伊勢佐木町。

第九巻

近くても遠い場所

――一八五〇年から

二〇〇〇年のニッポンへ

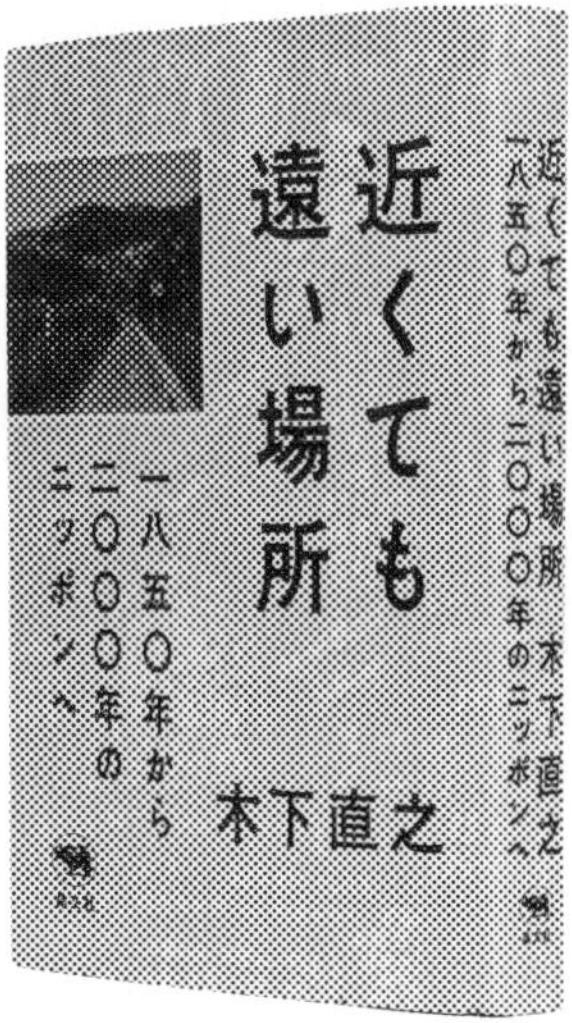

2016

遠くへ行きたい。これは誰もが一度は抱く願望だろう。若い時ほどそうだ。生まれ育った町を出たい。親元を離れたい。遠くへ行きたい。知らない町を歩きたい。私だって、二十歳を過ぎたころに、そんな衝動を抑え切れずに、のこのことスペインまで出かけて行って、マドリード郊外の修道院で暮らしたことがある。

近くても遠い

こんなことを書いていると、「知〜らない〜ま〜ああちを〜、歩い〜てみ〜たあい〜、ど〜こ〜か遠〜くへ〜ゆきいた〜あい」（作詞永六輔、作曲中村八大、東芝レコード、一九六二）というジェリー藤尾の巻舌の歌声がどこからともなく聞こえてくる。

それを打ち消して、「近くもまんざらではない」と宣言する。「どこかへ連れてって」とせがむ妻と子の訴えを退け、「近くへ行こう」と提案する。「知っている町を歩く方が、知らない町よりも発見の喜びがはるかに大きいよ」と説得にかかる。それに安上がりだし。ほとんど屁理屈。これは、そんな説得術を書いた本だといえないこともない。

では、「近くても遠い」とはどのようなことなのか。おそらく、それは別の時代へと一気に連れ去られる感覚なのだろう。それは歩いている時にしばしば起るが、それこそ一歩も出歩かずに、本を読んだり、写真を眺めている時にも突然やって来る。

もっぱら連れ去られるのは私ひとりで、家族いっしょに、というわけにはいかない。したがって、妻と子に向かって、「近くに行こうよ」と提案するのはよいが、調子に乗って「近くても遠いところに行こうよ」と誘ったところで、まったく相手にされない。

一九四五年九月二日、横浜港沖に浮かんだ米国戦艦ミズーリ号の甲板で、降伏文書の調印式が行われたことはよく知られ、その時の写真や動画を今ならインターネットで簡単に目にすることができる。それら映像のほとんどが調印式に臨む日本政府および日本軍代表を正面からとらえたものだから、彼らの目の先に何があったのかまではわからない。

星三十一の星条旗

彼らの背後から写した写真がある。そこでは甲板や艦橋に鈴なりになった乗組員たちが、緊張した代表団を見下ろしていた。その中に、額装された星条旗が壁に掛かっている。星の数は三十一しかなく、現在より十九も少ない。理由はそれが十九世紀半ばの星条旗だからで、嘉永六年（一八五三）夏、ペリー艦隊が浦賀沖に現れた時に旗艦に翻っていたものを、この日のためにわざわざ本国から取り寄せたのだった。マッカーサー元帥は自らをペリー提督になぞらえ、日米関係が振り出しに戻ったことを告げた。「はじめからやり直し！」と命じたのだった。

一九四九年九月二日、富山駅前で「平和群像」という平和記念碑の除幕式が行われた。もともとは駅前広場の中心にあったが、度重なる駅前再開発で脇へと追いやられた。堂々たる男性裸体像、女性裸体像が碑の周囲をかためるという点で、その建設の経緯を追いかけたが（「文化国家とヌード」『股間若衆』所収）、除幕式を降伏文書調印の日に合わせたことが興味深い。敗戦からまだ四年しか経っておらず、その記憶は生々しかったのだろう。降伏よりも、むしろ平和到来、再出発の日という思いが強かったのかもしれない。しかし、終戦といえば八月十五日ばかりが刷り込まれて、九月二日はすっかり忘れ去られた。

先の戦争の中の先の戦争の記憶

戦争のことばかりを書いた本ではないのだけれど、芋づる式に、「先の戦争の中の先の戦争の記憶」が引き出されてくる。終戦時、日清戦争や日露戦争の記憶はどうなったのだろう。戦前の日本の歴史が一切合切否定されたようなところがあるから、多くのことが忘れられ、あるいは忘れようとされた。しかし、過去を白紙にはできない。過去はいたるところに顔を出す。

凱旋濠。皇居のお濠にこの名前が残っている。日露戦争の勝利を祝って宮城前広場（現在の皇居前広場）が整備された時、霞ヶ関に向かう一本の道路が通り、日比谷濠を分断した。桜田門までの間が凱旋濠と名づけられた。凱旋門建設の話もあったのだが、これは実現しなかった。代わりに、仮設の凱旋門が東京市内のいたるところに建てられた。とても不思議なのだが、恒久的な凱旋門がわずかに二棟、鹿児島県始良《あいら》市山田と静岡県浜松市引佐《いなさ》に残っている。どちらも驚くほど小さな山村だ。そんなところからも大勢の出征者があり、戦死者を出した。

御府《ぎょふ》。桜田門の前から皇居内をうかがってもなかなか見えないが、Google Earthを使えば一目瞭然、吹上御苑の一隅に「御府」と総称された戦利品の蔵が建ち並ぶ。日清戦争では振天府、日露戦争では建安府、シベリア出兵では惇明府、満州・上海事変では顕忠府がつぎつぎと建てられ、戦利品が収蔵されるとともに戦死者が祀られた。それらの戦後処理について追いかけた。最近は宮内庁書陵部資料の情報公開が進んだため、蔵の内部写真も見ることができる。

三笠。言わずと知れた日露戦争での聯合艦隊の旗艦。日本海海戦の勝利を讃えて、退役後も横須賀に保存された。多くの見学客を集める関東有数の戦争博物館だったが、戦後は一転して娯楽施設に変わった。ダンスホールや水族館があったが、サンフランシスコ講和条約締結後（つまり独立回復後）に再び戦艦の姿を取り戻した。同時に戦後の荒れ果てた姿が忘れられた。

広場の曼荼羅。東京大学本郷キャンパスの図書館前広場。一九八六年、広場の整備を手掛けた建築家大谷幸夫の構想。「曼荼羅」と名づけて、戦没学徒の慰霊の場にしようとした。実は、終戦まで図書館内には戦没者記念室が設けられていた。大学による慰霊の場は先代の図書館内にもあり、日露戦争の戦死者が祀られていた。戦後は、それらのすべてが大学から放り出された。そのひとり市川紀元二は銅像にまでなっていたが、構内に止まることを許されず、故郷の静岡県護国神社に引き取られて行った。東京大学は戦争の記憶に背を向けている。

あじさい橋

この橋を渡った先の旅館が傷痍軍人たちを暖かく迎えた。それゆえに、傷ついた兵士たちが渡る橋は「誉橋《ほまれ》」と呼ばれてきた。ある時、この名前は観光地箱根にはふさわしくないと判断されたのだろう。「あじさい橋」と名を改めた。向こう岸に、「歴史的記憶を忘れることなく」という悪い冗談を書いた解説板が立っている。

凱旋濠

東京に残る先の戦争のそのまま先の戦争を伝える場所として、凱旋濠と勝鬨《かちどき》橋がいつも浮かんでくる。それぞれの名は、ともに日露戦争の勝利につながっている。戦後、皇居前広場の整備が進み、凱旋道路が日比谷濠を分断して、この濠が誕生した。一方、橋が掛かるのはずっとあとではあるが、戦勝記念として隅田川に勝関の渡しが設けられた。

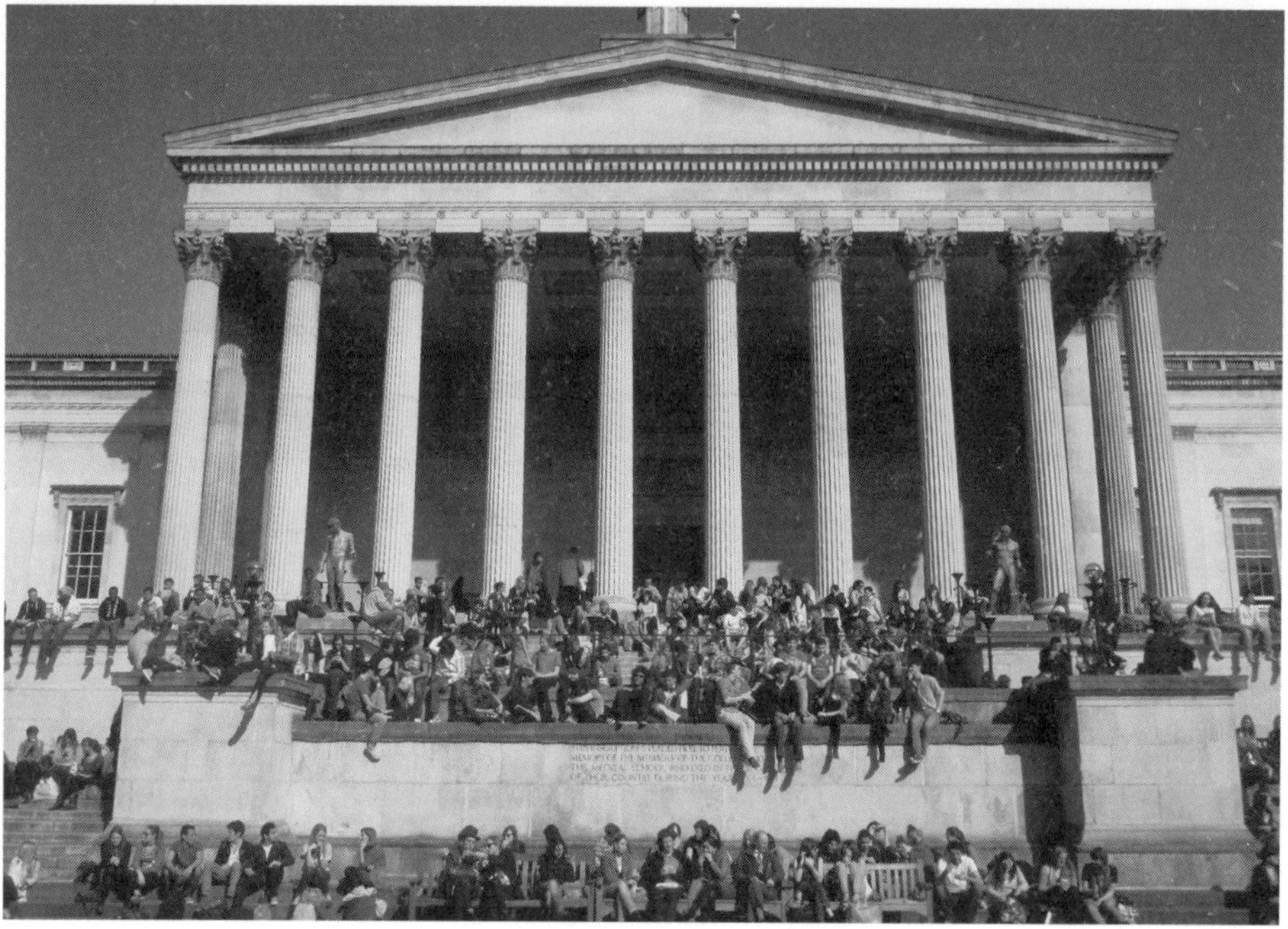

ロンドン大学

ロンドン大学での何でもないある日の昼休み。なぜこんなに大勢の学生たちが群れているのかと驚き、わたしの勤める東京大学では、なぜどこにも学生は集まらないのかと考え込んでしまった。壁に、第一次世界大戦で死んだ仲間たちを決して忘れないという碑文が刻まれている。イギリスでは大戦の記憶はいたるところにある。

東京大学

東京大学にも広場はあり、安田講堂前とともに図書館前は特別に重要な場所だった。ここを大学出身戦没者の追悼の場にしようとする企てがあった（大谷幸夫「広場の曼荼羅」）。そして、隣接する文学部三号館の壁に、彼らに捧げる言葉を刻む話もあったが実らなかった。図書館内には広場に向かって戦没者記念室があったというのに。

静岡県護国神社

日露戦争では工学士の戦死がよほど珍しかったのか、市川紀元二は母校（東京帝国大学御殿下運動場）で銅像になった。ところが戦後は一転、戦争色を払拭しようとする東京大学から市川像は追われ、静岡県護国神社へと引き取られた。学徒出陣の時には、あの突き出した銃剣に続けと『帝国大学新聞』が学生たちを煽ったというのに。

丸亀神殿

丸亀駅前のＭＩＭＯＣＡ丸亀市猪熊弦一郎現代美術館の建物はオシャレでよく話題になるが、同じ駅前広場に面して建つこの「丸亀神殿」は誰からも見向きもされずに今日に至っている。こんなに古い神殿が日本にあるということすら知られていない。丸亀には丸亀城に登るために訪れたのだが、神殿に比べれば丸亀城なんて現代建築である。

太宰府天満宮

絵馬堂には屋根とそれを支える柱はあっても、壁がない。風が吹き抜け、雨が降り込んでも一向に構わない。それどころか建物の外側に絵馬を掛けることも普通で、ちょうど美術館を裏返した姿になる。それがなぜ許されるのか。理由は明白。絵馬とは神仏に捧げられたものであり、奉納されたその瞬間が大切で、人間を相手にしていないからだ。

金刀比羅宮

こんぴらさんは長い石段で知られる。途中に生きた馬がいて（神馬）、さらに上るとつくりものの馬（木馬や銅馬）がいる。絵馬は文字どおり絵に描いた馬であったはずだが、海の神様であるがゆえに、描かれた船の絵馬がほとんどだ。大型タンカーのプロペラまで奉納されていて、活気に満ちている。

清正公ストリート

通りを入ると、清正公すなわち加藤清正を祀ったお堂があった。横浜の新田開発の守り神だった。今はお寺もお堂もなく、ソープランドやキャバクラが建ち並ぶ風俗街が広がっている。長者町、さらに福富町と、町の名前だけはおめでたい。このあたりは地盤が弱く（だからこそ清正公を祀った）、人が住むには不向きなため盛り場となった。

三笠

新造艦のように見える戦艦三笠から、戦後にいったんは廃墟と化した姿は想像できない。朝鮮戦争で金属高騰、甲板の上にはほとんど何も残らなかった。日本が独立を回復するやいなや、それが見事に甦った。横須賀港から今にも出陣しそう。船尾付近に軍艦行進曲の記念碑が建っているが、除幕式の際に歌詞が問題視され、しばらくブルーシートで覆われたままだった。

近くても遠い場所へ

近くても遠い場所は、文字どおり、近所のどこにでもある。どこからでも遠くへと出かけて行ける。

第十巻
せいきの大問題
——新股間若衆

2017

書名の「せいき」とは、第三章「日本美術の下半身」に収めた「清輝の、性器の、世紀の大問題」という論考に由来し、少なくとも三つの意味を重ねた駄洒落である。

せいきをめぐるお約束

真面目な問題をふざけて書くという姿勢がいつの間にか身についてしまったため、書名を決めなければいけない最後の段階に至ると、この内なる圧力から逃れられない。願わくば、大真面目な学術論文の注や参考文献にこのふざけた書名が第六巻『股間若衆』ともどもそっと差し込まれんことを、などと考えているのだから始末に負えない。

ではこれがいかなる「大問題」であったかをお話しよう。

第一の「清輝」は黒田清輝、「せいき」と読んだ。明治の洋画家、法律学を学びにパリに留学し、画家になって明治二十六年（一八九三）の日本に帰ってきた。西洋世界ではヌードが芸術であることを日本人に伝えようとした。前年四月二十九日付の父に宛てた手紙には、「日本への御土産の為、当地名物の女のはだかの画」を心込めて描くつもりだと認《したた》めている。

しかし、この「パリ土産」は日本社会にはなかなか伝わらず、裸を描いた猥褻な絵だと受け止められた。眉をひそめられたというよりは、むしろ笑われたはずだ。なぜなら、裸といえば、すでに販売が禁じられていたとはいえ、春画、すなわち笑絵、笑って楽しむ絵が身近にあったからだ。

とりわけ第二の「性器」が問題視された。しかし、当時は「性器」という言葉は用いられず、「造化機」とか「生殖器」とか呼ばれたが、それらは医学用語であって、黒田の描いたヌードを評する際には「局部」とか「陰部」とかが用いられた。両足の付け根の部分がなぜこれほど問題になるのか、話は旧約聖書のまだ人類が二人しかいなかった時代にまでさかのぼる。

楽園で蛇の誘いに乗ったふたりが禁断の果実を食べると、たちまち目が開かれ、自分たちが裸であることに気づいてしまう。あわてたふたりはイチジクの葉を編んで股間を隠すことになるのだが、ではなぜ股間だけが隠すべき場所となったのか。古代キリスト教の神学者アウグスティヌスはこう解釈した。性器にだけ「肉の不従順」(欲情が勝手にその部分を動かしてしまうこと)が起こり、ゆえに「恥部」と成り果てたからだと(『神の国』第十四巻第十七章、岩波文庫)。

第三の「世紀」は大問題と一番相性がいい。文字どおり世紀の大問題だと思うのは、まさに二十世紀が幕を開いた明治三十四年(一九〇一)に、白馬会展に出品された黒田の「裸体婦人像」(静嘉堂文庫美術館蔵)が警察のお咎めを受け、描かれた女の下半身を隠すため、絵画の下半分に布が巻かれるという珍妙な光景が出現したからだ。これを俗に「腰巻事件」と呼ぶ。

ところが今見れば、隠された女の股間には何も描かれてはいない。性器もなければ陰毛もない。描いた側も、それを取り締った側も、それぞれのお約束に従っただけである。

この三つの「せいき」が重なり合って生じたことは、西洋に追いつけとばかりに背伸びをした明治の日本の特異な出来事だったのだろうか。断じてそんなことはない。

二〇一四年の夏、愛知県美術館の展示室に並んでいた写真家鷹野隆大さんの作品に警察が撤去を求めるという出来事があった。美術館と写真家が相談の上、被写体である二人の裸の男の下半身を布で覆い、撤去には応じなかった。

二十世紀の大問題は二十一世紀を迎えてもなお大問題である。要するに、芸術か猥褻かの二項対立は、十九世紀から二十世紀にかけて成立し、現代の日本にもしっかり生きていた。芸術の成立に関する研究に比べて、猥褻のそれは法曹界の外にあまり伝わってはいない。サド裁判（一九六九）にせよ、愛のコリーダ裁判（一九七九）にせよ、四畳半襖の下張り裁判（一九八〇）にせよ、猥褻裁判はチャタレイ裁判（一九五七）の判決に戻るばかりで（映画「愛のコリーダ」の監督大島渚に言わせれば「堂々巡り」）、猥褻の要件を問題にはしても、猥褻概念の成立は明らかにされない。

鷹野隆大事件と同じ夏に、鷹野さんとは異なり、逮捕され拘置所にまで入れられた美術家ろくでなし子さんの再逮捕、起訴、公判、判決までを追いかけた。弁護団から求められ東京地方裁判所に提出した「ろくでなし子裁判に対する意見書」も収録している。一審判決では、残念ながら抽選に外れて法廷に入れなかったが、小雨降る地裁前で、「一部無罪」と書いた紙を掲げた弁護人が出てくるのを待った。最初は丸めた紙を持って歩いてきたため、門前の一部メディアからダメ出しが出て、二度目は小走りに出てきた。これまたちょっとお約束めいていたな。

春画よりも笑絵

近代社会が隠そう隠そうと努めてきた「性器」を、前近代の春画は逆に好んで誇張した。このふたつの社会の連続と断絶をとらえること、いわば春画の退場とヌードの登場がこの本の問題提起である。

二〇一三年にロンドンの大英博物館で開催された展覧会「春画――日本美術における性とたのしみ」を日本に巡回させようとして、一悶着あった。巡回先がなかなか決まらなかったのだ。そこで、春画展示研究会なるものを立ち上げた。なぜかくも日本社会は春画を嫌う、いや怖れるのかと。

本当は、春画と呼ぶことから間違っている。それが暮らしの中にあった時代は、笑絵、あるいは枕絵と呼ぶことが普通だった。バカみたいにでっかい性器、実践すれば複雑骨折しかねないアクロバティックなポーズは、笑い飛ばすしかない世界である。それを排除した時に、笑いまでも美術の世界から追放してしまった。以来、美術館で笑う人を見かけなくなった。

他方で、笑絵の持つ力も失われた。性は新しい命を生み出すことに通じる。その生命力は、戦場で死なないことにつながる。江戸の武士は鎧櫃《よろいびつ》に笑絵を甲冑とともに納め、明治の兵士は雑嚢に笑絵を忍ばせ、弾に当らないことを願ったという。猥褻では片づけられない世界がある。

小田原小僧

一九五〇年、敗戦から五年目、小田原駅に小便小僧が出現した。背後の木の掛札には、こんな格調高い文章が記されていた。「小便小僧の持つ民主々義を象徴する真の意義をはっきり大衆に理解させることが最も肝要」。それから七十年が過ぎ、小僧も掛札も姿を消し、その行方は杳として知れない。

久留米小僧

背後の美術館とセット。一九五六年の開館のころからずっと立ちションをしている。文化の香りが漂ってくる。小便小僧とはそういう戦後の子どもだったのだ。

神戸大僧

説明するまでもないとは思うが、大・小便小僧であって、大小便・小僧ではない。

敦賀小僧

北陸本線から小浜線に乗り換える時に遭遇、呼び込みよろしく便所の前に立っていたので、乗り換え時間は短かったが、つい立ち寄ってしまった。かつて、箱根への乗り換え駅小田原が「箱根の便所」(そのためにしか人は降りない、第五巻『わたしの城下町』参照)と呼ばれていたことを思い出す。

琴平小僧

気持ち良さそう。でも、どうにも止まらなくなっているのだとすれば、わが身に置き換えてぞっとする。

指宿小僧

痛そう。わたしもこれまでに二度、尿道にカテーテルを差し込まれたことがある。それを抜く時に、「少しむずむずしますよ」と看護師さんが言うので、「女のあんたに何がわかるんだ」とツッコミを入れたくなった。

熊本弓削神社

性神、陰陽石、生殖器崇拝、男根崇拝、Phallic Worshipなどさまざまな呼び名がある。これらは文明開化の日本にはふさわしくないものとされ、明治政府によって撤去、廃棄、処分が求められたが、どっこい各地にまだまだ生き残っている。人間の存在に関わる根の深い信仰がそこにあるからだ。

川崎金山神社

とりわけ外国人に人気の「かなまら祭り」。そりゃそうだろう。真っ昼間からピンク色に塗られたこんなものが担がれて、大通りを行ったり来たりするのだから。昔ならエキゾチックジャパン、今ならクールジャパンか。毎年春、桜の季節に催される。とはいえ、この写真を撮った数年前に比べると、今は自主規制が強まったと聞く。

ろくでなし子裁判

逮捕された日にろくでなし子さんという人の存在を知った。テレビニュースを見た瞬間に、これは江戸時代の市中引き回しだと感じ、ついで不当逮捕だと確信した。警察には別の意図がある。そう考えて応援に立ち、一審では裁判所に意見書を提出した。判決の日、抽選に外れて法廷に入れず、門の外で弁護人が駆け出して来るのを待った。

ろくでなし子個展

ろくでなし子さんはしぶとい。一審が終わったあと、新宿で開かれた個展会場には、逮捕時に押収され、裁判所に提出された証拠品が、返還されたままの姿で展示された。法廷で、それらの猥褻性と芸術性の度合いが比較され、認定されたのだった。猥褻の境界線について大いに考えさせられた。

リバプール若衆

海岸に百人の全裸の男が立ち、海風にその身をさらしている。すべては彫刻家自身から型取られた。錆と海藻と貝殻を前身にびっしりと付着させ、百人百様と化している。朽ちてごろんと横たわってもなお股間若衆であることをやめないだろう。日本のぬるま湯の中のひ弱な股間若衆たちよ、もっと自己を主張せよ。

第十一巻

動物園巡礼

2018

動物園に行こう

生まれた時から身近に動物園はあったから、動物園がない町に生まれた人のことにまではずっと思いが至らなかった。

人生において動物園には少なくとも三度行く、といわれる。すなわち、子どものころに親に連れられ、親になったら子どもを連れて、さらに爺さん婆さんになってからは孫を連れてと。

もちろんそんなことはない。カップルでも行く、幼稚園や小学校の遠足でも行く、ひとりでも行く。私などは、ある時期、上野動物園の年間パスポートを買って、正門から入り池之端門に抜けて職場に通っていた。

ただし、知らない土地の動物園にまでは、ほとんどの人が足を向けないのではないか。それほど動物園とは地域に密着した施設である。したがって、ふだんから足を運ぶ動物園のことしか知らない。パンダを例外として、動物の赤ちゃんが生まれたという出来事はローカルニュースに止まり、全国ニュースにはならない。

しばらく前にこんなことがあった。二〇一六年五月十日に福岡市動物園のゴリラ「ビンドン」が死んだ。翌六月二日に千葉市立動物公園のゴリラ「ケンタ」が死んだ。さらに翌七月二十五日に上野動物園のゴリラ「ムサシ」が死んだ。それぞれの死がローカルな話題として報じられるかぎりは、日本全国に何頭のゴリラが飼育されており、三頭が立て続けに死んだということがどれほど大きな痛手であるかがさっぱりわからない。いいかえれば、いま動物園がどのような状況に置かれているのか、まったく知られていないのである。

神戸の美術館に勤めていたころ、道をひとつ隔てた向かいが動物園だった。美術館が私の生きる世界、そして動物園は無縁な別世界だった。ある時、動物園で「展示」という言葉が使われており、それもかなり重要な言葉だと知って愕然とした。「展示」はわれわれ美術館人の専売特許だと信じていたからだ。

もちろん、それは思い上がりというものだ。美術館と動物園は「展示」という共通項を持っているのだと気づいた。なるほど美術館は美術品という物品を扱い、動物園は生き物を扱うという大きな違いがあり、それゆえに学芸員よりも飼育員の方がはるかにたいへんな仕事だと思うが、美術品、生き物、いずれも本来の場所から引き離して、それらを眺めるためだけの場所に囲い込むという点が共通している。

いや、話はもう少し入り組んでいて、美術館に展示されるためにつくられる美術品があり、動物園生まれ・動物園育ちの生き物がいるという現実もある。それらはどちらも美術館や動物園が「本来の場所」ということになる。そんな観点から両者をひとつの視野にとらえたいと思うようになり、大学の教室で動物園を語ることにした。

学生たちを動物園にはじめて連れて行った時の記念すべき写真がある。「動物園に行こう」と呼びかけ、二〇〇四年十二月七日午後三時にオオアリクイの前に集合した。

動物園に動物園を見に行く

場所と時間は、上野動物園の当時の園長小宮輝之さんの指示だ。それはオオアリクイの食事の時間だった。オオアリクイと私たちとの間には、何の変哲もない小さなプラスチック容器がぶらさがっていた。その中には本物のアリに代わる餌が入れられ、オオアリクイは長い舌を伸ばして器用にそれを食べ始めた。

あの時の私たちの目は、オオアリクイの見事な舌の動きとそれを見せる装置の双方に釘付けになっていたのだと思う。いかにも手づくりの装置は飼育員の日頃の活動から工夫して生まれたものだった。それは、動物園がオオアリクイの形態ばかりでなく生態をよりよく見せる場所だという信念に裏打ちされ、同時にまた、単調なオオアリクイの暮らしにちょっぴり刺激を与えたいという希望（これを環境エンリッチメントenvironmental enrichmentという）から生み出された。あの日の私たちは動物と動物園の双方を経験していたのである。

それから各地の動物園を見て歩くようになった。動物園で、人は動物について知るばかりでなく、自分がヒトであることをも教えられるだろう。それは人と動物の結縁《けちえん》の場である。

動物園を名乗らない動物園

旭山動物園の元園長小菅正夫さんのこんな言葉が忘れられない。「動物は本当に堂々と死んでいきますよ。『じゃあな』と言って去っていくのです」。「動物をずっと見ていてください。人間のほうがおかしいと思うようになりますよ。動物園にいる動物がすごいと思うのは、命ある限り、命だけを見て生きているということです」（『生きる意味って何だろう?』角川文庫）。

動物園はいのちと向き合う場でもある。まるで霊場だなあという思いから、巡礼に出た気持ちになった。訪れる先々で、動物園の可能性を教えられる一方、直面するさまざまな課題を知らされた。何よりも野生動物の入手と繁殖が困難になり、日本人の慣れ親しんできた動物園が立ち行かなくなっている。動物の高齢化が進み、ゴリラやトラやホッキョクグマなど希少動物の飼育頭数は急速に数を減らしている。

動物園がこれまでもあったから、これからもあると考えるのは大間違いだ。その未来を考えるのであれば、これまでにたどってきた道を知る必要がある。こうして巡礼先は過去にも向かった。

珍しい外国の動物を図鑑のように見せる場所から、日本の動物を見せ、さらに人と動物がつくりだしてきた文化を知らせる場所に変わろうとしている。あるいは、絶滅が危惧される動物を守り、繁殖で増やし、さらに地球環境や生物の多様性について考えさせる場所になろうとしている。

富山市ファミリーパークの元園長山本茂行さんからも多くのことを教えられた。考えてみれば、同園は呉羽丘陵という里山の中にあり、はじめから動物園を名乗っていない。本書の差し当たっての終着地は富山になったが、満願を成就したわけではない。動物園巡礼はまだまだ終わらない。

浜松市動物園

一九五〇年浜松市動物園誕生、その四年後にわたしは生まれたから、動物園とわたしの人生は密着していた。おまけに小学校も中学校も動物園に隣り合っていた。目を閉じれば、今も当時の動物園を歩くことができる。ひとり浜松の動物園にかぎらず、日本における動物園の第二世代（戦後型）とともに生きてきたような気がする。だからこそ、その終焉が気になる。

小田原動物園

浜松市動物園が浜松城の中にあったように、小田原動物園も小田原城の中にあった。どちらも戦後間もない時期に、お城を会場に開かれたこどものための博覧会を機に生まれた。城下町ではお城が町の中心だからだ。そこから元気になろうとした。動物園の歴史はこのように戦後復興と深くつながっている。

名古屋市東山動植物園

かつては、動物園の視野に恐竜も入っていたことを教えてくれる。まるでジュラシックパークだが、恐竜はセメントでつくられたため、おそらく耐用年数を超えており、杖をついて何とも痛々しい。フェンスで囲わなくたって逃げ出したりはしないのに。もうそんな力はない。

大阪天王寺動物園

動物園とは何かを考える授業では、いつもこの光景を示してきた。サイにふさわしいアフリカサバンナの風景がどれほど再現されたところで、高速道路とその向こうの通天閣を消し去ることはできない。動物園とは、いわば通天閣の足元に野生動物を囲い込むことだからだ。

上野動物園

動物園の動物は徹底的に人から眺められる。当然、ストレスがたまる。たまるとすぐに下痢をする。開園と同時に職場に出勤し、閉園と同時に退社するサラリーマンのようなものだ。写真は勤務中のゴリラ。オフィスの窓にこんなふうに通行人が群がっていたら、たまったものじゃない。

大阪天王寺動物園

かつての大型類人猿たちには、もうひとつ芸を演じるという大切な仕事があった。チンパンジーもゴリラもオランウータンも芸を仕込まれたが、なんといっても芸達者はチンパンジー。ヒトとはDNAが一%しか違わないというのだから、かぎりなく市井の人であることが求められた。大阪の人気者リタとロイドは芸人姿のままセメント像と化している。

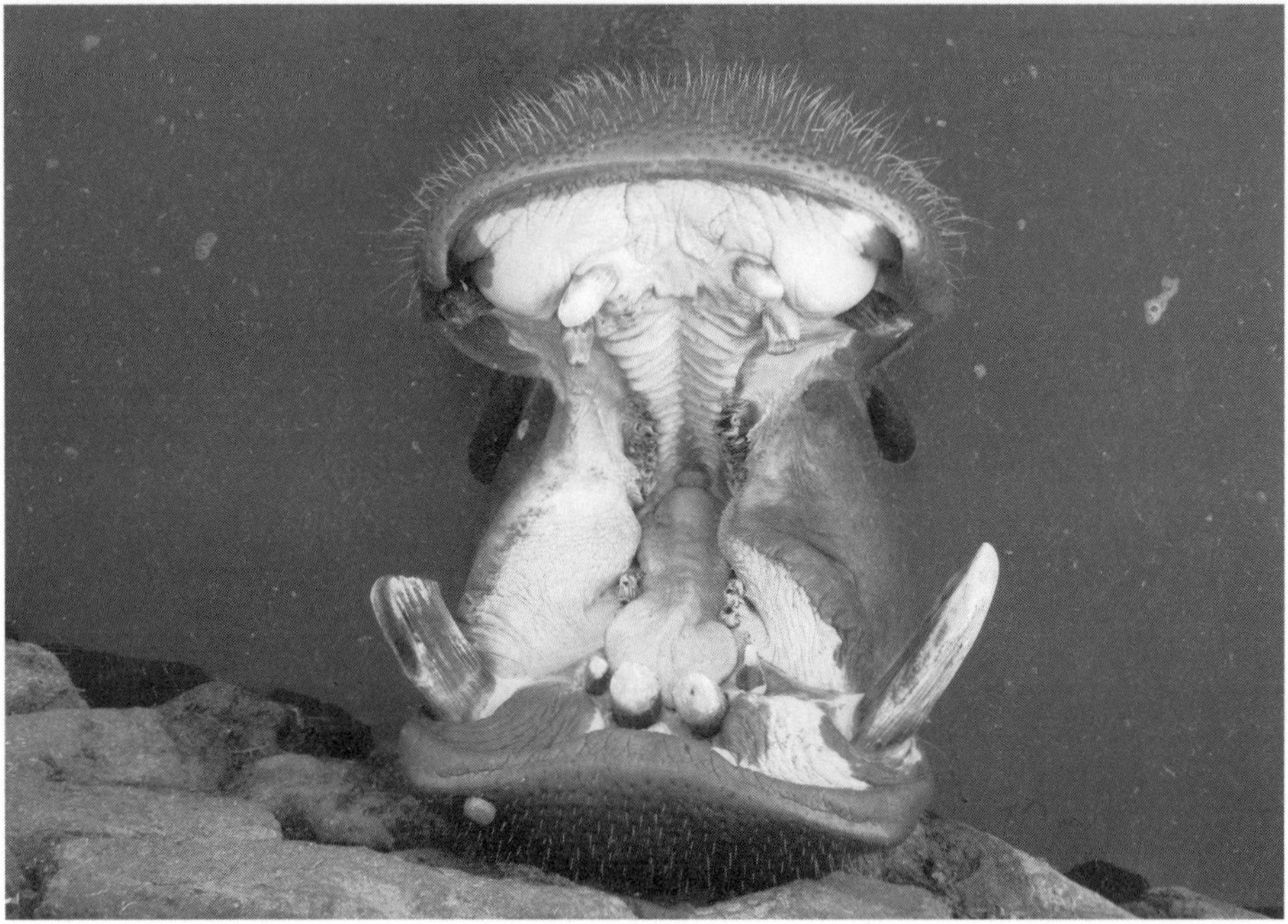

別府山地獄

カバの昭平は、ひねもす大口を開けて暮らしていた。観光客がエサを買っては、投げ入れてくれるからだ。ニンジンやジャガイモがたまったら、口を閉じるだけでいい。二〇一七年夏に三十歳に満たない若さで死んだ。いくら温泉とはいえ、「地獄」での暮らしは、やっぱり身体によくなかったのかもしれない。

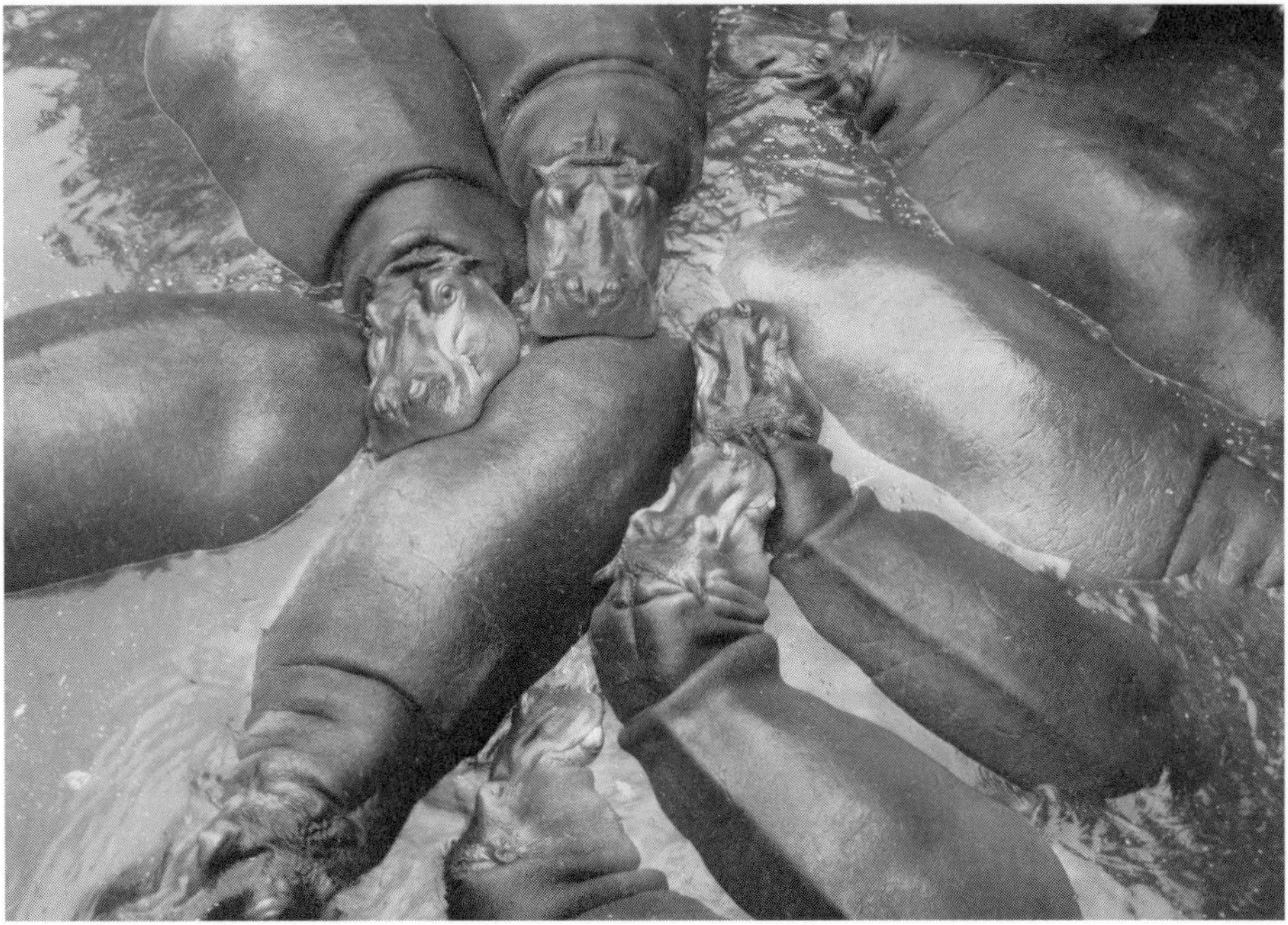

台北市立動物園

台北の動物園で、うーんとうなった展示はカバの集団だった。群れというほど多くはないが、いったい何頭いるのかと数えなければならないぐらいはいて、たいていオスとメスのつがいで飼われる日本とは大違いだ。日本では、その二頭をしばしば「夫婦」と呼んで誤解を与える。夫婦はわれわれ人間の世界にしかいないのに。

旭山動物園

旭山動物園で、うーんとうなった展示はサル山だった。その内側と外側に同じ遊具が置かれ、サルとヒトの子どもが、それぞれに登ったり降りたりして遊んでいる。その両方の動きを楽しむことができる。ヒトの子どもは親が飼育中だから、動物園にとってはエサ代がかからず安上がりだ。

宇部ときわ動物園

サル山ならぬサル船。世にもめずらしい。宇部の石炭業が斜陽化し、その失業対策で建造されたというから、動物園がいかに社会の動きと連動していたかがわかる。それにしても手の込んだサル船で、船長以下乗組員のすべて、乗客のすべてがサルであるばかりか、観客は下に降りて、海面すれすれから船を見上げることもできた。今はもう解体されて姿を消した。

多摩動物公園

バクは水の中でウンコをする。それが水中を漂っている。ヒトは風呂の中でウンコをしない。普通は。バクは水から上がっても裸だ。ヒトは風呂から上がるとすぐに服を着る。誰から命じられるわけでもないのに。この子たちも生まれたその日に産着にくるまれた。動物園はヒトが人間であることについても考える場所だ。

第十二巻
麦殿大明神の
のんびりした一日

さて、最終巻でもあるこの本はまだ世の中のどこにも存在しない。それどころか、最終巻が本当にこの本なのかさえ、ここ一八八頁に至ってなお定かではない。二〇一八年から二〇一九年にまたがる冬にギャラリーエークワッド（東京都江東区新砂）で開かれた「木下直之が全ぶ集まった」展に先立つ一年間、web版「木下直之を全ぶ集める」展が展開された時に、「木下直之全集」の構成員が和気あいあいと肩を寄せ合う背表紙の集合写真を終始掲載したが、その一番右端でひとり頼りなげに、どことなく場違いな感じでひょろりと立っていたのがこの「麦殿大明神ののんびりした一日」と題されたコクヨのファイルである。一見して、影が薄い。

1

麦殿大明神《むぎどのだいみょうじん》がつくりものの世界の住人であることは、烏犀角《うさいかく》という薬の袋でつくった鎧に身を固めていることから一目瞭然であろう。紙の袋だから鎧としては役に立たないなどと考えれば、それはつくりものの世界の法則を知らない人だ。

うっかり「住人」だなんて書いてしまったが、もちろん、麦殿はわれらのような人ではない。畏れ多くも大明神である。われらのために、日々病と闘ってくださる神様だ。麦の穂の先端にある棘状の突起を「はしか」といい、これを以て麻疹《はしか》と闘った。麻疹をもたらす麻疹神を相手にしたのだ。麻疹神を踏みつける麦殿の絵姿を家の中に貼っておくだけで霊験あらたかだった。

出自は謎に満ちているものの、「麦殿は生れながらにはしかして、もがさの跡は我身なりけり」という呪い歌が知られ、「もがさ」は疱瘡《ほうそう》のことだから、麦殿は麻疹ばかりか疱瘡退散にも大いに力を発揮した。

麦殿の絵姿はこれまでに少なくとも四点知られている。最も古いものが幕末の浮世絵師歌川芳盛《よしもり》描く錦絵である（1）。麦殿は文久二年（一八六二）の江戸にいる。六月の終わりごろから麻疹が大流行し、七月に入ると死者が急増した。神田雉子町ほか六町の名主斎藤月岑《げっしん》が「寺院は葬式を行ふにいとまなく、日本橋上には一日棺の渡る事、貳百に暨《いた》る日もありしとぞ」と書いている（『武江年表』）。また『藤岡屋日記』によれば、六月から八月の間に一万四千二百十人が死んだという。江戸市中はパニックだった。すがるものは麦殿大明神をおいてほかになかったのである。ちなみに、芳盛は前年に師の国芳を亡くしているが、その死因は麻疹ではなくどうやら中風らしい。

つぎの絵姿はずっと時代が下って、木下麦《ばく》が「麦殿大明神ののんびりした一日」と名づけたコクヨファイルの表紙に描いたものだ（2）。稚拙な画風から、絵師がまだ小学生だった二〇〇〇年頃と思われる。ついで無印良品ノートの表紙に描いたものがあり、踏みつけられた麻疹神のTシャツに記された背番号75が制作年の手掛かりになる（3）。数字はわたしがいつも持ち歩いているノートの通し番号（第一号は一九八九年、そして現在の第一二〇号は二〇一八年）だからだ。最後は近年web上に出現した麦殿だ（4）。いずれも木下麦の手になるものだが、麦殿がだんだんと現代風に変身しているのがわかる。タイプ4には坐像と歩行中のバージョンもある。

ちなみに、麦殿大明神と木下麦とは単に「麦」の一字を共有しているにすぎず、血縁関係はない。あるはずがない。麦殿は神様だし、麦は人間だからだ。

さて、麦殿大明神は江戸で麻疹退治に忙しい毎日を送っていた。麻疹神を押さえつけたままではトイレにも行けないじゃないか。薬屋の子どもとして、せめて一日でも仕事から解放してさしあげ、ゆっくり休んでもらいたいと思うようになった。

すでに第二巻『ハリボテの町』のあとがき「私、駅前薬局の息子でございます」で明らかにしたとおり、浜松駅前の薬屋の子に生まれたわたしは、いつの日か『薬屋の子どもたち』という本を書いて、薬屋という不思議な商売について考えたいと思い（なぜ店頭にゾウやウサギやカエルの人形がいるのか、なぜ白衣姿の父は店にやって来る子どもたちにオモチャの景品をばらまいていたのかなどと）、ファイルまで作っていたのだが、それは今も未完成のままだ。「式亭小三馬、守田宝丹、中内功、松井康子、笠原美智子、唐沢俊一、都築響一」など仮のリストは作ってみたものの、いったい誰が薬屋の子どもなのか、探すのがとても大変なんだ。

麦殿大明神に出合ったのはそんな時だった。なんだか昔からの知り合いのような気がした。そこで「麦殿大明神ののんびりした一日」というファイルをつくり、麦殿を現代にお招きし、日本の風景を見てもらおうと考えたのだ（それではのんびりできないというツッコミは脇にかわして）。いっしょについて歩いて、そのドキュメントを本にするという心づもりだったのだが、いつものとおり、わたしのそうした計画はたいてい実らず、ファイルばかりが増えてゆく。

2

文久二年の麻疹騒ぎも秋に入ってなんとか収まったというので、「そっちに行ってもいいよ」という待ちに待った返事が江戸から届いた。

指定された待ち合わせの場所は京浜急行電鉄金沢文庫駅前、藤屋金物店の店頭、そこに現れるということで、二〇一八年十一月二十日、ギャラリースタッフとともに朝から出迎えに行った。すると、麦殿は金物店の商品を使ってみるみるその姿を現し始めたのである。

はじめにポリバケツがふたつ積み上がった。ジョウロが組まれて両膝になると、その先からヒシャクが出てきてしっかりと足を組んだ。バケツの上にヤカンが逆さまに置かれ、しばし首を傾げながら顔の向きを調整している。ようやく視点が定まったようだ。ボールの兜を被り、魚を焼くアミで後ろからの矢に備え、厚い胸板は湯タンポ、袖や胴回りをチリトリで固めるうちに勇ましい鎧武者が姿を現した。ポテトマッシャーの右手に緑鮮やかなデッキブラシがしっかりと握られ、左手には「多羅葉《たらよう》の葉」のつもりの泡立て器が水戸黄門の印籠よろしく「これが見えぬか」と言わんばかりに突き出される。排水ホース製の衣は仁王像の天衣のように猛り立ち波を打つ。最後に兜の頂きにロートがぽんと置かれてついに降臨。合計二万一千円。それはこちらが払わねばならなかった。麦殿は円もカードも持っていなかったから。

3

あれれ、ここが金沢文庫なの？　すっかり変わってしまったな。こんな駅はなかったし。若いころには、よく称名寺の金沢文庫に調べものに来たものだ。幕府の書物奉行だった近藤守重が『金沢文庫考』（一八二二）を著したころから、この文庫の見直しが始まったのだよ。

病と闘うためには、なんといっても中国の医術に通じなければならないからね。日本人医師による『麻疹精要』（一七三一）や『麻疹日用』（一七五三）なども必読書だった。もちろん、勉強のあとには金沢八景に足を延ばして、江戸前の穴子を塩焼きにして、一杯やりつつ美しい景色を楽しんだものだ。

ええっ、島と島の間を埋立ててしまったって！　いったいどうして？　なんてバカなことをしてくれたんだ。

ところであんたたち、ヘンな服着てるね。まるで異人だな。股引をはいているお前は大工か。これからよろしくな。わざわざ呼んでくれてありがとう。さあ、出かけよう。どこへでも案内してくれ。何？　最初に工務店？　大工の店だか寄合だか何だか知らないが、まあいいだろう、連れて行ってくれ。

4

というわけで、竹中工務店東京本店ビルの一角にあるギャラリーエークワッドの「木下直之が全ぶ集まった」展会場に、麦殿大明神は無事お着きになり、どっかりと腰を下ろした。ブリキの鎧がガシャガシャと鳴って、ロビーにいた背広姿のサラリーマンたちを振り返らせた。

金沢文庫からギャラリーのある江東区新砂までは京浜急行、都営浅草線を乗り継ぎ、日本橋で地下鉄東西線に乗り換え、所要時間はおよそ一時間、品川までの三十分は窓外の景色に目を奪われていたようだったが、電車が地下に入ると何も見えないと言って気分を害し、隅田川を渡ったことをいくら説明しても信じてもらえなかった。新砂の地名を出してもご存じない。熊本藩下屋敷のあった辺りと言ったら、「ああ深川洲崎十万坪か、広重が名所江戸百景で描いていたな」と納得してくれた。ともあれ、麦殿にとっては江戸の外れも外れだった。

さっきまで文久二年の江戸にいた麦殿には、会場の冒頭に飾られた『神田明神祭礼図巻』の行列も「つくりもの」も珍しくもなんともない。それどころか、猛威をふるった麻疹を退散させるために、この年の夏には町々から山車が引き出されたことをやっぱり『武江年表』がこんなふうに書いている。「大なる車楽を曳渡し、伎踊《をどり》・邌物《ねりもの》を催して街頭をわたす。此風俗一般になり、又諸所の神社にも臨時の祭、執行せしもこれあり」。

麦殿には、「つくりもの」よりも「作品」という考え方がはるかに珍しかった。「つくりもの」は「作物」とか「造物」と書く。そこにいう「物《もの》」がいつなぜ「品《ひん》」に取って代わられたのか。同じく、「建物」を「建築」と呼ぶこともなかなか受け入れてはくれなかった。肝腎要の「もの」はいったいどこに行っちゃったんだと。

なにしろ、麻疹という病気を相手にするのだって、麻疹神という邪悪な姿をした「もの」をしっかりと押さえつけておかなければならない世界にいたのだから。

麦殿はようやく落着いたようだった。周囲をぐるりと見渡して、こうつぶやいた。

5

ここはいったいどこなんだ。ギャラリー？　なんじゃそれは？　なるほど、いろいろな「つくりもの」を見せる場所なのか。それなら浅草奥山か両国橋西詰の広小路にでも建てればよいものを、なんでまた洲崎十万坪に？　それにしても、なかなか頑丈な建物だな。まるで御殿だ。江戸では、見世物小屋はもっぱら仮設だから、丸太で柱を組んだらあとはムシロを掛けるだけだ。あるいは絵馬堂、そこは屋根と柱はあっても壁のない場所だが、奉納された絵馬の評判を聞いてたくさんのひとびとが集まって来る。風が吹き込み、雨だって降り込み、早く見に行かなければ、絵馬は色褪せてしまう。それが当たり前。誰も文句は言わない。あるいは料亭の楼上、隅田川に面した大広間で、注文に応じて絵師や書家が客の目の前でたちどころに絵を描き、書を認めてくれる。傍らでは、飲み食いする客が川風に吹かれてすっかり出来上がっている。暑い日は暑い、寒い日は寒い。それに比べれば、ここは暖かいな。あんたたちはギャラリーばかりでなくミュージアムというものも手に入れたようだが、「つくりもの」を後生大事に守っているようだね。雨ざらしなんてもってのほか、温湿度管理を徹底させ、盗難や火災や震災に備えて、未来永劫、絶対に劣化させないんだって？　いったい何を考えてるの？

さっきから気になっていたのだが、ずいぶんと静かだね。話をしたら注意されるって信じられないよ。口上はいないの？　そうか、本人が時々やって来ては口上を述べるのか。

6

　というわけで、麦殿は、紙芝居式ギャラリートークと銘打って行ったわたしの口上を二度三度と聴いてはくれたが、江戸に帰る日はすぐに来てしまった。のんびりできたのかどうかはわからないが、現代日本を垣間見てはくれただろう。その日本を気に入ったかどうか、それもわからない。二〇一九年二月二十八日展覧会楽日に金沢文庫駅前に現れた時と同様、「おさらば」とだけ口にすると、あっという間にその姿を消した。気持ちがよいぐらいの立ち去り方だ。未練は何も残さず、金物だけがひと山あとに残った。

　という麦殿大明神の東京日記『麦殿大明神ののんびりした一日』ならぬ『麦殿大明神ののんびりした一〇一日』は、これから江戸で執筆されるのだろう。麻疹神をぐいぐい踏みつけながら。その予告編を兼ねたこの『木下直之を全ぶ集めた』（晶文社、二〇一九）が、実は全集の最終巻であることがここ一九五頁に至ってようやく明らかになった。

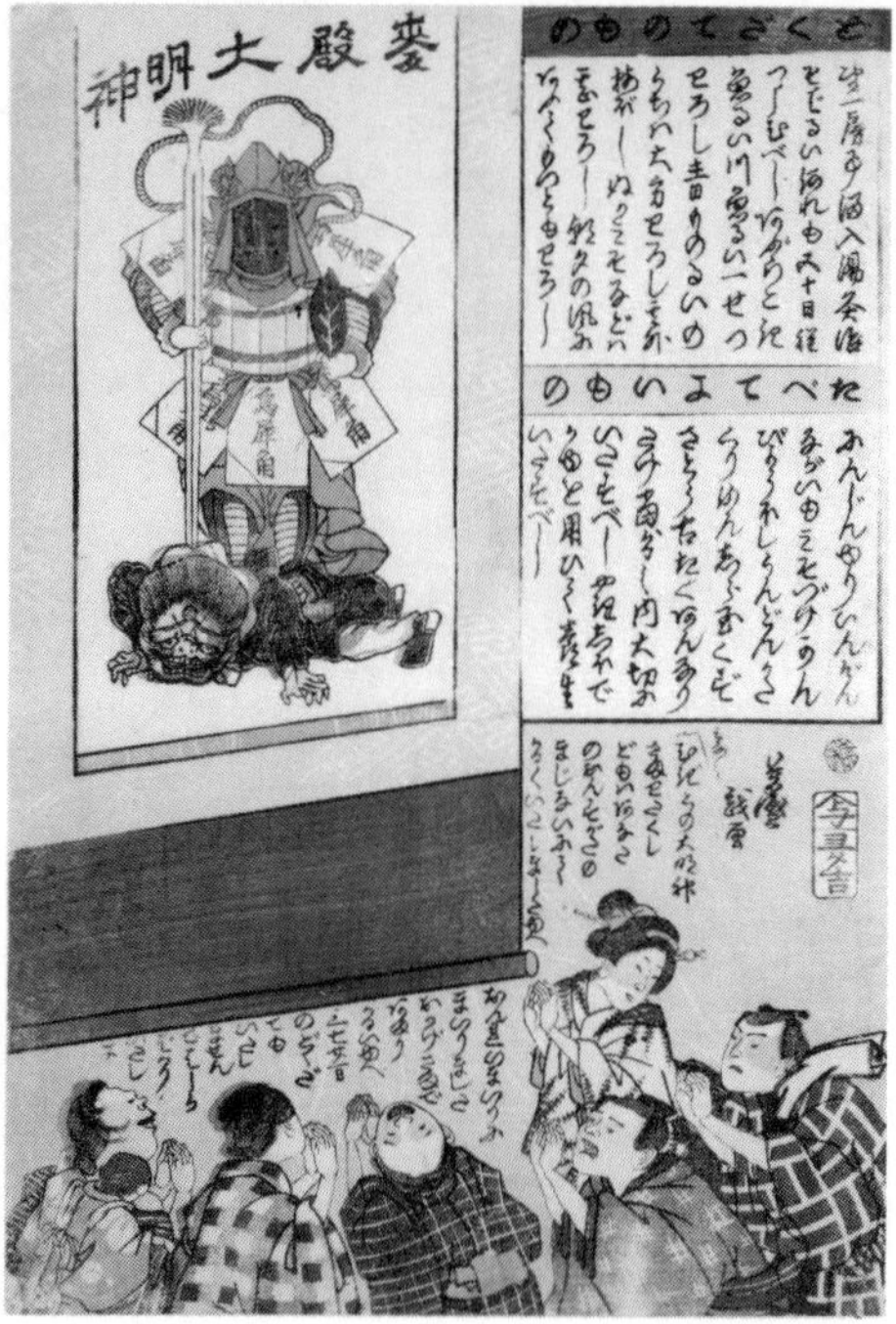

1　歌川芳盛
「麦殿大明神」
国際日本文化研究センター蔵

2　木下麦
「麦殿大明神」
筆者蔵

4　木下麦
「麦殿大明神」
ネット空間に存在
©BakuKinoshita

3　木下麦
「麦殿大明神」
筆者蔵

金沢文庫駅前フジヤ金物店の店頭、
右の柱のあたりに麦殿が姿を現し始めている。